Depression se Door

(डिप्रेशन से दूर)

अरविन्द सुथार कागमाला

विषय - सूची

प्रस्तावना

जीवन की यात्रा अक्सर उतार-चढ़ाव से भरी होती है और कभी-कभी यह रास्ता हमें ऐसे स्थान पर ले जाता है जहां आशा की किरणें भी मद्धम हो जाती हैं। मनोवैज्ञानिक और भावनात्मक संघर्षों की इस यात्रा में सबसे चुनौतीपूर्ण और जटिल समस्या अक्सर ' डिप्रेशन ' होती है। यह एक ऐसा अनुभव है जिसे शब्दों में पूरी तरह से व्यक्त करना मुश्किल होता है, लेकिन इसका प्रभाव गहरा और सर्वव्यापी होता है।

" डिप्रेशन से दूर " नामक इस पुस्तक का उद्देश्य आपके मनोबल को पुनर्जीवित करना और आपको एक नई दिशा की ओर अग्रसर करना है। यह पुस्तक न केवल एक सैद्धांतिक मार्गदर्शिका है, बल्कि एक व्यावहारिक और संजीवनी दस्तावेज भी है जो आपको इस अंधकारमय स्थिति से बाहर निकलने में सहारा प्रदान करेगा।

डिप्रेशन या अवसाद केवल एक मानसिक स्थिति नहीं है, यह जीवन की जटिलताओं से जूझने की एक प्रक्रिया है जो व्यक्ति की सोच, भावनाओं और व्यवहार को प्रभावित करती है। यह पुस्तक उन सभी लोगों के लिए है जो इस

मानसिक स्थिति से जूझ रहे हैं या जिन्हें इसके प्रभाव का सामना करना पड़ रहा है। इसमें हम न केवल डिप्रेशन की जड़ों और कारणों पर चर्चा करेंगे, बल्कि इसके समाधान और उपचार के विभिन्न दृष्टिकोणों की भी जानकारी देंगे।

यह पुस्तक आपको डिप्रेशन के विभिन्न पहलुओं की गहरी समझ प्रदान करेगा। आप जानेंगे कि यह समस्या कैसे उत्पन्न होती है, इसके लक्षण क्या हैं और यह हमारे जीवन को किस प्रकार प्रभावित कर सकती है। हम वास्तविक जीवन के उदाहरणों के माध्यम से यह समझने की कोशिश करेंगे कि डिप्रेशन केवल एक व्यक्तिगत समस्या नहीं है, बल्कि यह समाज और संस्कृति पर भी गहरा असर डालती है।

हम डिप्रेशन से निपटने के लिए विभिन्न रणनीतियों और तकनीकों पर ध्यान देंगे। यह हिस्सा उन उपायों पर केंद्रित है जो आप अपने जीवन में आसानी से लागू कर सकते हैं। इसमें योग, ध्यान, आहार और नियमित शारीरिक गतिविधियों के महत्व को रेखांकित किया गया है। साथ ही मानसिक स्वास्थ्य विशेषज्ञों की सलाह, चिकित्सकीय उपचार और मनोचिकित्सीय विधियों की भी चर्चा की जाएगी।

इसके अतिरिक्त, हम सामाजिक समर्थन प्रणाली के महत्व को भी समझेंगे क्योंकि डिप्रेशन के दौरान एक मजबूत समर्थन प्रणाली होना अत्यंत आवश्यक है। परिवार, मित्रों और पेशेवर सलाहकारों के सहयोग से आप अपने जीवन को बेहतर बना सकते हैं और सकारात्मक दिशा में आगे बढ़ सकते हैं।

अंततः इस पुस्तक का उद्देश्य आपको आशा और आत्म-विश्वास प्रदान करना है। हम जानेंगे कि भले ही डिप्रेशन एक कठिन स्थिति है, लेकिन इससे बाहर निकलने के लिए सही दृष्टिकोण और संसाधनों के साथ एक सकारात्मक बदलाव संभव है।

" डिप्रेशन से दूर " आपकी यात्रा में एक सहायक साथी के रूप में कार्य करेगी जो आपको सही दिशा दिखाने और आत्म-संवेदनशीलता के माध्यम से एक नए जीवन की ओर अग्रसर करने में मदद करेगी। इस यात्रा में आपके साथ चलने के लिए आपके संकल्प और आत्म-समर्पण की आवश्यकता है। आप खुद को खोजने और जीवन की नई संभावनाओं को अपनाने के लिए तैयार हैं - यह पुस्तक आपके इस यात्रा को सरल और सुलभ बनाने के लिए समर्पित है।

आशा है कि इस पुस्तक के माध्यम से आप अपनी समस्याओं का समाधान खोज पाएंगे और एक सुखमय और स्वस्थ जीवन की ओर कदम बढ़ा सकेंगे।

धन्यवाद

आभार

    " डिप्रेशन से दूर " पुस्तक के प्रकाशन की इस यात्रा में मेरे साथ चलने वाले हर व्यक्ति के प्रति मैं दिल से आभार व्यक्त करना चाहता हूँ। सबसे पहले मैं अपने परिवार का धन्यवाद करता हूँ जिन्होंने इस कठिन समय में मेरा अटूट समर्थन किया और मुझे प्रेरित किया। आपकी प्रेम और सहयोग ने मुझे संबल दिया और इस पुस्तक को पूरा करने में मेरी मदद की।

    मैं उन सभी मानसिक स्वास्थ्य विशेषज्ञों और चिकित्सकों का भी आभारी हूँ जिनकी विशेषज्ञता और सलाह ने इस पुस्तक को सटीक और प्रभावी बनाने में महत्वपूर्ण भूमिका निभाई। आपके अनुभव और ज्ञान ने मुझे इस विषय को गहराई से समझने और उसे सरल रूप में प्रस्तुत करने में सक्षम बनाया।

    मेरे मित्रों और सहकर्मियों का भी दिल से धन्यवाद जिन्होंने इस अहम पुस्तक के विभिन्न चरणों में अपना अमूल्य समर्थन और प्रोत्साहन प्रदान किया। आपकी

प्रतिक्रिया और सुझावों ने मुझे निरंतर सुधार और प्रेरणा दी।

आखिर में, मैं उन सभी पाठकों का आभार प्रकट करता हूँ जो इस पुस्तक को पढ़ेंगे और इसे अपने जीवन में लागू करेंगे। आपकी यात्रा को सहज और सकारात्मक बनाने में यह पुस्तक आपके सहायक हो, यही मेरी आशा है।

आप सभी के समर्थन और विश्वास ने इस पुस्तक को संभव बनाया है। आपके सहयोग के बिना यह सपना पूरा नहीं हो सकता था।

धन्यवाद

डिप्रेशन

हम सभी ने अपनी जिन्दगी में किसी ना किसी पड़ाव पर स्वयं को उदास और हतास महसूस किया होगा। वैसे देखा जाए तो उदासी और हतासा मानव जीवन में होना सामान्य बात हैं। हमारे उदास होने की कई सामान्य और गंभीर बातें हों सकती हैं, जैसे- असफलता, संघर्ष और किसी अपने से बिछड़ जाना। मनुष्य में असफलता को सहन करने के साथ ही संघर्ष करने की भी शक्ति मौजूद होती हैं। मनुष्य कई बार असफल होने के बावजूद भी हार नहीं मानता हैं, अंत में सफलता उसके पास होती हैं। यहां महत्वपूर्ण बात यह हैं कि इन असफलताओं के दौरान मनुष्य को उदासी और हतासा को अपने ऊपर हावी नहीं होने देना हैं।

आखिर उदासी की वास्तविकता क्या हैं? उदासी किसी भी इंसान का मानसिक भाव हैं। इंसान सपने देखता हैं, उन सपनों को पूरा करने में जुटता हैं। दिन-रात भरपूर मेहनत करता हैं किन्तु अंत में जब वह असफल हों जाता हैं, तो वह उदास हों जाता हैं। कभी कोई नौकरी ना लगने पर, कभी कोई महबूबा के रूठ जाने पर एवं कभी कोई

परीक्षा में असफल हों जाने पर उदास हों जाता हैं। हम यहां उदासी की बात क्यों कर रहें हैं तो उदासी ही डिप्रेशन का पहला पड़ाव हैं। अगर कोई इंसान उदासी को जीत लेता हैं तो वह डिप्रेशन का शिकार कभी नहीं हों सकता।

Depression जिसे हिंदी में **अवसाद** कहा जाता हैं। अगर हम इसे मात्र एक पंक्ति में समझना चाहें तो - *"किसी विशेष घटना या परिस्तिथि से हमारा दिमाग अपनी सकारात्मकता खों देता हैं और केवल नकारात्मक दृष्टी से सोचने लग जाता हैं, उसे डिप्रेशन कहते हैं।"* यह सामान्य उदासी से प्रारम्भ होता हैं किन्तु सामान्य उदासी को हम डिप्रेशन नहीं कह सकते हैं। किसी इंसान के साथ जब कोई

ऐसी घटना घटती हैं जिससे वह उदास हों जाता हैं, अगर वह इंसान उस उदासी से बाहर नहीं निकल पाता तो अंत में वह उदासी डिप्रेशन में बदल जाती हैं। उदासी और डिप्रेशन के बिच का समय बहुत महत्वपूर्ण होता हैं। अगर उस उदास इंसान के आसपास सकारात्मक माहौल बना दिया जाए तो वह उदासी डिप्रेशन तक पंहुचने से पहले ही समाप्त हों जायेगी।

मनोविज्ञान के क्षेत्र में डिप्रेशन का तात्पर्य मनोभावों संबंधित दुःख से होता हैं। अधिकतर मामलों में देखा गया हैं कि यह अवस्था इंसान के प्रेम सम्बन्ध को लेकर काफी गंभीर होती हैं। किसी भी इंसान के जीवन में अपने जीवनसाथी के प्रति बहुत अधिक लगाव व प्रमुखता इसका सबसे बड़ा कारण हैं। डिप्रेशन की अवस्था में इंसान स्वयं को लाचार और निराश महसूस करने लगता हैं। जब इंसान किसी व्यक्ति-विशेष के चलते डिप्रेशन का शिकार होता हैं तो वह उस व्यक्ति-विशेष के लिए सुख, ख़ुशी, शांति, सफलता यहां तक की संबन्ध में भी बेईमान हो जाता हैं।

प्रायः व्यक्ति जिस चीज अथवा परिस्तिथि के प्रति डरता हैं या जिस स्थिति पर उस व्यक्ति का नियन्त्रण नहीं रहता और वह तनाव महसूस करने लगता हैं। जिस वजह से वह खुद के उपर एक दबाव महसूस करता हैं और धीरे-धीरे डिप्रेशन की ओर बढ़ता जाता हैं। डिप्रेशन का तनाव से भी एक मजबूत व गहरा रिश्ता बताया गया हैं, क्योंकि तनाव भी व्यक्ति को डिप्रेशन मे ले जा सकता हैं। अगर हम तनाव से दूरी बनायेंगे तो हम डिप्रेशन व अवसाद से दूर रह सकते हैं।

डिप्रेशन के सामान्य लक्षण

➢ लगातार उदास, चिंतित एवं खाली मन

➢ निराशा एवं निराशावाद की भावनाएं

➢ अपराधबोध, मूल्यहीनता एवं लाचारी की भावनाएं

➢ अत्यधिक चिडचिडापन एवं बेचैनी

➢ आनंदायक गतिविधियों मे रूचि कम होना

➢ संभोग की रूचि खत्म हो जाना

➢ ध्यान केंद्रित करने में कठिनाई होना

➢ स्मरण शक्ति एवं यादास्त कमजोर पड़ना

➢ निर्णय लेने में असमर्थता

➢ भूख कम लगना या ज्यादा खाना

➢ आत्महत्या के विचार एवं प्रयास

➢ लगातार दर्द, सिरदर्द, ऐठन, अनिंद्रा एवं पाचन संबंधित समस्यायें

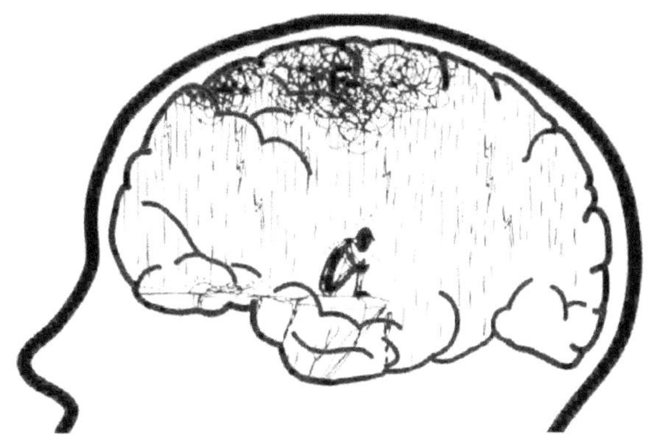

डिप्रेशन क्यों होता हैं?

डिप्रेशन (अवसाद) का कोई एक ज्ञात कारण नहीं हैं, बल्कि यह कई अज्ञात कारणों से हो सकता हैं। वैसे प्रत्येक व्यक्ति के दिमाग तक सन्देश पहुँचाने के लिए शरीर में कुछ न्यूरोट्रांसमीटर होते हैं, यह हमारे शरीर के अंगों के चाल-चलन के साथ-साथ मन के प्रभाव व संदेशों को दिमाग तक पहुंचाते हैं। इन सभी न्यूरोट्रांसमीटर में सबसे अहम होता हैं " **सेरेटोनिन** " यह इंसान के मुड को भी विनियमित (रेग्युलेट) करता हैं। इतना ही नहीं यह इंसान के पाचन तंत्र के लिए भी दिमाग को सन्देश पहुंचाता हैं। कुछ वैज्ञानिकों ने शोध में पाया हैं कि इस न्यूरोट्रांसमीटर की कमी से डिप्रेशन की स्थिति बन सकती हैं। इसके बाद व्यक्ति में डिप्रेशन की अन्य बीमारियाँ उत्पन्न होने लगती हैं। जब कोई डॉक्टर डिप्रेशन की दवाई देता हैं तो वह मुख्य तौर पर सेरेटोनिन को बढ़ाने की दवा देता हैं।

सेरेटोनिन के आलावा दूसरे न्यूरोट्रांसमीटर भी हमारे शरीर के साथ-साथ डिप्रेशन में अहम भूमिका निभाते हैं। ऐसा ही एक न्यूरोट्रांसमीटर हैं " **डोपामाइन** " यह इंसान के मध्य मस्तिस्क से प्रवाहित होता हैं। इसे '**हैप्पी हार्मोन**'

"

भी कहते हैं। जब किसी इंसान में इस हार्मोन की कमी होने लगती हैं तो वह अमूमन उदास रहने लगता हैं। इसी तरह से कई दूसरे न्यूरोट्रांसमीटर हार्मोन हैं जो हमारी भावनाओं को काबू में रखते हैं। जब इसके स्तर में कमी आने लगती हैं तब डिप्रेशन वाली स्थिति बन सकती हैं।

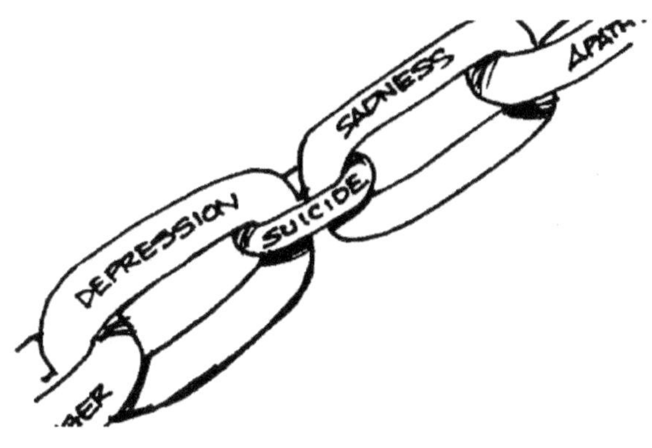

कभी-कभी आपको लगता हैं कि आपने अपने जीवन के किसी खास व्यक्ति को हमेशा के लिए खो दिया हैं। कभी-कभी आपको लगता है की आपका जीवन व्यर्थ हैं। कोई व्यक्ति जब किसी काम को करता हैं और वह उस काम को कहीं प्रयासों के बावजूद सही तरीके से ना कर पायें, तो वह उदास और निराश हो जाता हैं। वहीँ उदासी और निराशा लंबे समयांतराल के बाद उसे डिप्रेशन में धकेल देती हैं। काम की जगह पर आपको उचित सम्मान

नहीं मिल रहा हैं, आपके साथ अन्याय हो रहा हैं। इससे आप चिडचिडे हो जायेंगे, यह सोचकर की चीजें दूसरी तरह से होनी चाहिए। आपकी यह परेशानी धीरे-धीरे और बढ़ जाएगी। यह रूखापन, अकेलापन और चिडचिडापन डिप्रेशन का ही एक रूप है जिसे आपका शरीर महसूस करने लगता हैं। आपको ज्यादा भूख लगती हैं। आप थक जाते हैं। आपकी गति धीमी पड़ जाती हैं। इन सब की वजह से आप दरवाजे पटकने जैसी हरकते करने लगते हैं। दूसरो की आलोचना करते हैं और खुद को कोंचते हैं। जब आप खुद को आईने में देखते हैं, तो कहते हैं **" मै किसी के लायक नहीं, मै किसी काम का नहीं, मेरा तो जीवन ही व्यर्थ हैं। "** यह समझ पाना काफी कठिन होता हैं कि यह उदासी कब डिप्रेशन में बदल जाती हैं।

    इंसानी भावनाएं उसके अंतर्ज्ञान का एक हिस्सा हैं, जो उसे बताती हैं कि कुछ जरूरते पूरी नहीं हो पा रहीं हैं। जब इंसान दुखी होता हैं तो उसे क्रोध महसूस होने लगता हैं। वह क्रोध उस इंसान को पूरा वश में कर लेता हैं और कई संबंधो को युद्धक्षेत्र में बदल देता हैं। वह उसके अपनों को खुद के खिलाफ कर बैठता हैं। धीरे-धीरे यह स्तिथि एक गहरें डिप्रेशन में बदल जाती हैं।

डिप्रेशन देखने का तरीका

तनाव, क्रोध, घबराहट, मूड ऑफ होना या फिर उदासी, ये डिप्रेशन के सामान्य संकेत हैं। यह संकेत किसी इंसान में एक दिन में कई बार अथवा एक दिन में एक-दो बार भी दिखाई दे सकते हैं। इन संकेतो के आने और जाने की प्रकिया निरंतर चलती रहती हैं। इसके बाद इंसान में उसके काम, दिनचर्या, उसका शारीरिक हावभाव और शरीर में उर्जा का स्तर अम्मूमन काफी ज्यादा प्रभावित हो जाता हैं। जिससे हम उस इंसान में मौजूद डिप्रेशन को इन संकेतो के आधार पर आसानी से देख सकते हैं।

- ## निरंतर उदासी, खालीपन या निराशा का अनुभव

डिप्रेशन एक गंभीर मानसिक स्वास्थ्य समस्या है जिसमें निरंतर उदासी, खालीपन या निराशा का अनुभव होता है। यह भावना अक्सर इतनी गहरी होती है कि व्यक्ति के लिए सामान्य दिनचर्या को बनाए रखना कठिन हो जाता है। निरंतर उदासी और खालीपन व्यक्ति के

आत्ममूल्यता को भी प्रभावित कर सकते हैं, जिससे व्यक्ति के जीवन की गुणवत्ता गंभीर रूप से प्रभावित होती है।

यह स्थिति व्यक्ति के मानसिक और शारीरिक स्वास्थ्य पर भी नकारात्मक प्रभाव डाल सकती है, जैसे थकावट, नींद की समस्याएँ और भूख में बदलाव। ऐसे लक्षण लंबे समय तक बने रहने पर रोजमर्रा की गतिविधियों में रुचि की कमी, सामाजिक संपर्क से दूरी और व्यक्तिगत संबंधों में समस्याएँ उत्पन्न हो सकती हैं।

• अत्यधिक गुस्सा या चिड़चिड़ापन

डिप्रेशन एक जटिल मानसिक स्वास्थ्य स्थिति है, जिसमें अत्यधिक गुस्सा या चिड़चिड़ापन एक महत्वपूर्ण और अक्सर अनदेखा किया जाने वाला लक्षण हो सकता है। हालांकि डिप्रेशन आमतौर पर उदासी और खालीपन से जुड़ा होता है, लेकिन इसके साथ ही व्यक्ति में भावनात्मक असंतुलन भी उत्पन्न हो सकता है, जिससे गुस्सा और चिड़चिड़ापन बढ़ सकते हैं।

इस स्थिति में व्यक्ति की भावनाएँ अत्यधिक तीव्र और अनियंत्रित हो सकती हैं। सामान्य परिस्थितियों में जो व्यक्ति शांत और संयमित रहता है, डिप्रेशन के दौरान वह बिना किसी स्पष्ट कारण के गुस्से या चिड़चिड़ापन का अनुभव कर सकता है। यह भावनात्मक असंतुलन कई कारणों से हो सकता है। व्यक्ति की आत्मचेतना और व्यक्तिगत समस्याओं की गहनता या यहां तक कि शारीरिक स्वास्थ्य की समस्याएँ भी, साथ ही अत्यधिक गुस्सा और चिड़चिड़ापन व्यक्ति के व्यक्तिगत और पेशेवर जीवन पर नकारात्मक प्रभाव डाल सकते हैं। रिश्तों में तनाव पैदा कर सकते हैं, कार्यस्थल पर समस्याएँ उत्पन्न

कर सकते हैं और सामाजिक जीवन को प्रभावित कर सकते हैं। डिप्रेशन के गुस्से और चिड़चिड़ापन को समझना और स्वीकार करना महत्वपूर्ण है, ताकि व्यक्ति सही मदद प्राप्त कर सके और जीवन की गुणवत्ता में सुधार कर सके।

• आत्ममूल्यता की कमी या अपराधबोध

डिप्रेशन एक गंभीर मानसिक स्वास्थ्य समस्या है, जिसमें आत्ममूल्यता की कमी और अपराधबोध एक प्रमुख लक्षण हो सकते हैं। जब कोई व्यक्ति डिप्रेशन का शिकार होता है, तो वह अक्सर अपने आत्म-मूल्य और आत्म-सम्मान में गंभीर कमी अनुभव करता है। यह स्थिति व्यक्ति को अपनी क्षमताओं, उपलब्धियों और स्व-प्रशंसा पर संदेह करने पर मजबूर कर सकती है।

आत्ममूल्यता की कमी डिप्रेशन के कारण उत्पन्न मानसिक और भावनात्मक असंतुलन का परिणाम हो सकती है। व्यक्ति खुद को नकारात्मक दृष्टिकोण से देखने लगता है और सोचता है कि वह किसी भी काम के लायक

नहीं है। यह सोच आत्ममूल्यता में भारी कमी लाती हैं। जिससे व्यक्ति अपने आप को निराश और असफल महसूस करता है। अपराधबोध भी डिप्रेशन का एक सामान्य लक्षण है। व्यक्ति अक्सर अपनी पिछली गलतियों या असफलताओं के लिए अत्यधिक अपराधबोध महसूस करता है। यह अपराधबोध व्यक्ति को खुद को दोषी ठहराने और अपनी गलतियों को अतिरंजित करने की प्रवृत्ति में डाल सकता है। नतीजतन, यह अपराधबोध उसकी मानसिक स्थिति को और बिगाड़ सकता है। किसी व्यक्ति में आत्ममूल्यता की कमी या अपराधबोध की स्तिथि में उस व्यक्ति के परिवार और दोस्तों का समर्थन भी काफी महत्वपूर्ण होता है, जो उस व्यक्ति को उसकी भावनात्मक यात्रा में सहारा और प्रेरणा प्रदान कर सकता है।

डिप्रेशन के दौरान आत्ममूल्यता की कमी और अपराधबोध को समझना और स्वीकार करना आवश्यक है, ताकि व्यक्ति सही मार्गदर्शन प्राप्त कर सके और मानसिक स्वास्थ्य में सुधार कर सके। यदि कोई अपना इस मुश्किल दौर में उस व्यक्ति को अच्छे से समझ कर मार्ग दर्शन करें तो अवसाद ग्रस्त व्यक्ति को बचाया जा सकता हैं

और उस व्यक्ति को जीने की एक नई राह दिखायी जा सकती हैं ।

• ऊर्जा की कमी या थकावट

डिप्रेशन एक गंभीर मानसिक स्वास्थ्य स्थिति है, जो केवल भावनात्मक और मानसिक परतों को ही नहीं, बल्कि शारीरिक स्वास्थ्य को भी प्रभावित कर सकती है। इसमें एक प्रमुख लक्षण ऊर्जा की कमी और थकावट है, जो व्यक्ति की दिनचर्या और जीवन की गुणवत्ता को गहरा प्रभावित कर सकता है। डिप्रेशन के दौरान ऊर्जा की कमी का अनुभव व्यक्ति की शारीरिक और मानसिक थकावट के रूप में प्रकट हो सकता है। व्यक्ति सामान्य गतिविधियों को करने के लिए आवश्यक ऊर्जा को महसूस नहीं करता और उसे हर काम में थकावट का अनुभव होता है। यह स्थिति इतनी गंभीर हो सकती है कि व्यक्ति को उठने, बैठने या साधारण दैनिक कार्यों को पूरा करने में भी मुश्किल हो सकती है।

ऊर्जा की कमी और थकावट का संबंध अक्सर मानसिक तनाव, भावनात्मक दबाव और **न्यूरोट्रांसमीटर** असंतुलन से होता है। डिप्रेशन में मस्तिष्क के रसायनों जैसे सेरोटोनिन और डोपामिन का असंतुलन शरीर की ऊर्जा स्तर को प्रभावित कर सकता है। अवसाद में व्यक्ति

निरंतर उदासी, निराशा और चिंता का अनुभव करता है। यह मानसिक दबाव और तनाव थकावट को बढ़ा सकता है, जिससे व्यक्ति को सामान्य गतिविधियों में भी ऊर्जा की कमी महसूस होती है।

डिप्रेशन मस्तिष्क के रसायनों जैसे **सेरोटोनिन** और **डोपामिन** के असंतुलन से जुड़ा होता है। इन रसायनों की कमी शारीरिक ऊर्जा को प्रभावित कर सकती है, जिससे व्यक्ति को अधिक थकावट का अनुभव होता है।

• नींद न आना या बहुत अधिक सोना

अवसाद एक जटिल मानसिक स्वास्थ्य समस्या है, जिसमें नींद की समस्याएँ एक आम और महत्वपूर्ण लक्षण हो सकती हैं। डिप्रेशन के दौरान नींद की दो प्रमुख समस्याएँ देखी जा सकती हैं। नींद ना आना **(अनिंद्रा)** और बहुत अधिक सोना **(हाइपरसोनिया)।** दोनों ही परिस्थितियाँ व्यक्ति के समग्र स्वास्थ्य और दिनचर्या पर नकारात्मक प्रभाव डाल सकती हैं।

डिप्रेशन में नींद न आना एक सामान्य समस्या है, जिसमें व्यक्ति को सोने में कठिनाई होती है। यह समस्याएँ रात भर जागने, नींद में बार-बार जागना या पूरी रात नींद

न आ पाने के रूप में प्रकट हो सकती हैं। कई लोगों में देखने को मिलता हैं कि वह सोने का भरपूर प्रयास करते हैं, परन्तु रात भर सो नहीं पाते। अनिद्रा व्यक्ति की मानसिक स्थिति को और बिगाड़ सकती है, क्योंकि नींद की कमी से ऊर्जा की कमी, थकावट और एकाग्रता की समस्याएँ उत्पन्न हो सकती हैं। इसके अतिरिक्त अनिद्रा मानसिक स्वास्थ्य के अन्य लक्षणों को भी बढ़ा सकती है, जैसे चिंता और तनाव।

इसके विपरीत, अवसाद में व्यक्ति को अधिक नींद की भी समस्या हो सकती हैं। जिसे **हाइपरसोनिया** भी कहा जाता है, एक सामान्य लक्षण है जो व्यक्ति की मानसिक और शारीरिक स्थिति को गहराई से प्रभावित कर सकता है। कुछ डिप्रेशन वाले व्यक्ति अत्यधिक सोने की समस्या का सामना कर सकते हैं। हाइपरसोनिया के तहत व्यक्ति दिन में अधिक सोता है या लंबे समय तक सोए रहने की इच्छा महसूस करता है। कई व्यक्तियों के अंदर देखने को मिलता हैं कि व्यक्ति पूरे दिन भर खुद के ऊपर आधी नींद लेके घूमते हैं। अत्यधिक नींद से व्यक्ति की दिनचर्या प्रभावित हो सकती है, जैसे कामकाज में लापरवाही और सामाजिक गतिविधियों से दूरी। हाइपरसोनिया अक्सर ऊर्जा की कमी और अवसाद की गहराई को दर्शाता है।

• भूख कम लगना या बहुत अधिक खाना

डिप्रेशन के दौरान भूख में बदलाव एक सामान्य और महत्वपूर्ण लक्षण हो सकता है, जो व्यक्ति की शारीरिक और मानसिक स्थिति पर गहरा प्रभाव डालता है। अवसाद में भूख कम होना और बहुत अधिक खाना दोनों ही समस्याएँ व्यक्ति के जीवन की गुणवत्ता को प्रभावित कर सकती हैं।

भूख कम होना अवसाद का एक आम लक्षण है। इसमें व्यक्ति को भोजन के प्रति कोई रुचि नहीं रहती और उसे खाना न खाने की आदत बन जाती है। इससे वजन में कमी हो सकती है, जो शरीर की ऊर्जा और संपूर्ण स्वास्थ्य पर नकारात्मक प्रभाव डालता है। भूख की कमी के चलते व्यक्ति को पोषण की कमी, कमजोरी और अन्य स्वास्थ्य समस्याएँ हो सकती हैं, जो उसकी मानसिक और शारीरिक स्थिति को और बिगाड़ सकती हैं।

इसके विपरीत, कुछ लोग अवसाद के दौरान अत्यधिक भोजन करने की प्रवृत्ति का सामना कर सकते हैं, जिसे **बिंग ईटिंग डिसऑर्डर** भी कहा जाता है। ऐसे में व्यक्ति सामान्य से अधिक खाना शुरू कर देता है, जो वजन बढ़ने का कारण बन सकता है। अत्यधिक भोजन का मतलब केवल अधिक कैलोरी का सेवन नहीं है, बल्कि यह भावनात्मक राहत का भी संकेत हो सकता है। व्यक्ति भोजन के माध्यम से अस्थायी भावनात्मक संतोष प्राप्त करने की कोशिश करता है, जो लंबे समय में अवसाद को और बढ़ा सकता है। भूख में इन परिवर्तनों का सही ढंग से निदान और उपचार करना आवश्यक है। मानसिक स्वास्थ्य पेशेवर सही निदान और उपचार की योजना तैयार कर सकते हैं, जिसमें दवाइयाँ और मनोचिकित्सा शामिल

हो सकती है। जीवनशैली में सुधार जैसे संतुलित आहार, नियमित व्यायाम और उचित नींद भी महत्वपूर्ण है। परिवार और दोस्तों का समर्थन भी व्यक्ति को भावनात्मक सहारा प्रदान कर सकता है और उसकी स्थिति को समझने में मदद कर सकता है। इन सभी उपायों से भूख में आए बदलाव को नियंत्रित किया जा सकता है और अवसाद से उबरने की दिशा में सकारात्मक कदम उठाए जा सकते हैं।

• निर्णय लेने में कठिनाई

अवसाद एक मानसिक स्वास्थ्य स्थिति है जो व्यक्ति की सोच, भावना और व्यवहार को गहराई से प्रभावित कर सकती है। इसके लक्षणों में निर्णय लेने में कठिनाई एक महत्वपूर्ण और जटिल समस्या है। जब व्यक्ति अवसाद में होता है, तो उसके निर्णय लेने की क्षमता पर गहरा असर पड़ सकता है, जिससे उसकी दैनिक गतिविधियाँ और जीवन की गुणवत्ता प्रभावित हो सकती है। अवसाद की स्थिति में व्यक्ति की सोच अक्सर नकारात्मक और आशंकित होती है। यह नकारात्मक सोच व्यक्ति की आत्म-विश्वास को कम कर देती है और वह सही निर्णय लेने में असमर्थ महसूस करता है।

मनोवैज्ञानिक दृष्टिकोण से अवसाद मस्तिष्क के विभिन्न हिस्सों को प्रभावित करता है जो निर्णय लेने की प्रक्रिया को बाधित कर सकते हैं। मस्तिष्क के रसायनों जैसे सेरोटोनिन और डोपामिन का असंतुलन व्यक्ति की सोच और भावनात्मक स्थिति को प्रभावित कर सकता है, जिससे निर्णय लेने की क्षमता कमजोर हो जाती है।

अवसाद के दौरान व्यक्ति अक्सर आत्म-संशय और आत्म-हीनता का सामना करता है। यह स्थिति उसे सोचने में असमर्थ बना देती है कि कौन सा विकल्प सही है और कौन सा गलत। परिणामस्वरूप व्यक्ति छोटी-छोटी समस्याओं पर भी सही निर्णय नहीं ले पाता और स्थिति

से जूझने के लिए असमर्थ महसूस करता है। इसके अतिरिक्त अवसाद से जुड़े थकावट और ऊर्जा की कमी भी निर्णय लेने की प्रक्रिया को प्रभावित कर सकती है, क्योंकि व्यक्ति खुद को बहुत थका हुआ और असहाय महसूस करता है।

इन समस्याओं का समाधान ढूंढने के लिए पेशेवर मदद लेना महत्वपूर्ण है। मनोचिकित्सक या मनोवैज्ञानिक उचित उपचार और सलाह प्रदान कर सकते हैं, जो व्यक्ति की निर्णय लेने की क्षमता को बेहतर बनाने में सहायक हो सकती है। साथ ही व्यवहारिक और संज्ञानात्मक तकनीकें जैसे कि सकारात्मक सोच को प्रोत्साहित करना और छोटे-छोटे निर्णयों से शुरू करना भी सहायक हो सकते हैं। सामाजिक समर्थन भी अत्यंत महत्वपूर्ण होता है। परिवार और दोस्तों का सहयोग व्यक्ति को आश्वस्त और समर्थ बना सकता है, जिससे उसे निर्णय लेने में मदद मिल सकती है। अवसाद में निर्णय लेने की कठिनाई को समझना और इसका सही उपचार करना मानसिक स्वास्थ्य में सुधार की दिशा में महत्वपूर्ण कदम हो सकता है। सही मार्गदर्शन और समर्थन से व्यक्ति अपनी निर्णय लेने की क्षमता को पुनः प्राप्त कर सकता है और जीवन की चुनौतियों का सामना कर सकता है।

• ध्यान केंद्रित करने में समस्याएँ

डिप्रेशन एक मानसिक स्वास्थ्य समस्या है, जो व्यक्ति की भावनात्मक और मानसिक स्थिति को गहराई से प्रभावित करती है। इसका एक महत्वपूर्ण लक्षण ध्यान केंद्रित करने में कठिनाई है, जो न केवल व्यक्ति की कार्यक्षमता को प्रभावित करता है, बल्कि उसकी दैनिक जीवन की गुणवत्ता को भी नकारात्मक रूप से प्रभावित करता है।

जब व्यक्ति अवसाद से ग्रस्त होता है, तो उसकी सोच और भावनात्मक स्थिति अक्सर निराशाजनक और नकारात्मक होती है। इस मानसिक स्थिति में व्यक्ति की संज्ञानात्मक प्रक्रियाएँ, जैसे कि ध्यान केंद्रित करना गंभीर रूप से प्रभावित हो जाती हैं। अवसाद के दौरान व्यक्ति को सोचने में असमर्थता, निर्णय लेने में कठिनाई और एकाग्रता की कमी का सामना करना पड़ सकता है। यह समस्या तब होती है जब व्यक्ति निरंतर नकारात्मक विचारों और चिंताओं से घिरा होता है, जो उसकी मानसिक ऊर्जा को खा जाते हैं और उसे महत्वपूर्ण कार्यों पर ध्यान केंद्रित करने में असमर्थ बना देते हैं।

मस्तिष्क के रसायन, जैसे सेरोटोनिन और डोपामिन, अवसाद में असंतुलित हो जाते हैं, जो ध्यान और एकाग्रता को प्रभावित कर सकते हैं। इन रसायनों के असंतुलन के कारण व्यक्ति की सोच की प्रक्रिया धीमी हो जाती है और उसकी एकाग्रता की क्षमता कम हो जाती है। अवसाद के चलते व्यक्ति की मानसिक ऊर्जा में कमी और थकावट भी ध्यान केंद्रित करने में बाधा डालती है, जिससे छोटी-छोटी चीजों पर भी ध्यान देना कठिन हो जाता है। ध्यान केंद्रित करने में समस्याओं का प्रभाव व्यक्ति की पेशेवर और व्यक्तिगत जीवन पर स्पष्ट रूप से दिख सकता है। कामकाज में ध्यान की कमी से उत्पादकता में कमी आती है और व्यक्तिगत जीवन में रिश्तों में तनाव उत्पन्न हो सकता है। व्यक्ति अपने कार्यों को पूरा करने में अधिक समय लेता है और लगातार चिंताओं में डूबा रहता है, जिससे उसकी समग्र गुणवत्ता प्रभावित होती है।

इस समस्या को समझने और सही तरीके से संभालने के लिए पेशेवर मानसिक स्वास्थ्य सहायता आवश्यक होती है। मनोचिकित्सक या मनोवैज्ञानिक व्यक्ति की स्थिति का मूल्यांकन कर सकते हैं और उपचार की योजना बना सकते हैं, जिसमें दवाइयाँ, मनोचिकित्सा और व्यवहारिक तकनीकें शामिल हो सकती हैं। इसके साथ ही जीवनशैली

में सुधार जैसे कि नियमित व्यायाम, संतुलित आहार और तनाव प्रबंधन भी ध्यान केंद्रित करने में सहायक हो सकता है।

परिवार और दोस्तों का समर्थन भी महत्वपूर्ण होता है। वे व्यक्ति को भावनात्मक समर्थन और प्रोत्साहन प्रदान कर सकते हैं, जिससे ध्यान केंद्रित करने की समस्याओं को बेहतर तरीके से समझा और हल किया जा सकता है। अवसाद में ध्यान केंद्रित करने की समस्याएँ गंभीर हो

सकती हैं, लेकिन उचित उपचार और समर्थन से व्यक्ति की स्थिति में सुधार संभव है।

• आत्म-हीनता या निराशावादी सोच

अवसाद के लक्षणों में आत्म-हीनता और निराशावादी सोच एक प्रमुख भूमिका निभाते हैं, जो व्यक्ति की जीवन की गुणवत्ता और मानसिक स्थिति को नकारात्मक रूप से प्रभावित कर सकते हैं। जब कोई व्यक्ति अवसाद से ग्रस्त होता है, तो उसकी आत्म-हीनता की भावना गहराई से पनपती है।

आत्म-हीनता का मतलब है कि व्यक्ति खुद को अन्य लोगों से कमजोर मानता है। अवसाद की स्थिति में व्यक्ति अक्सर अपनी क्षमताओं और मूल्य को कम आंकता है और अपने आप को नाकामयाब या दोषी महसूस करता है। यह भावना व्यक्ति की आत्म-मूल्यता को कमजोर कर देती है और उसे जीवन की चुनौतियों का सामना करने में असमर्थ बना देती है। ऐसे में व्यक्ति अपनी उपलब्धियों को नजरअंदाज कर सकता है और अपने

प्रयासों को बेकार मान सकता है, जिससे आत्म-संवाद में नकारात्मकता बढ़ जाती है।

निराशावादी सोच भी अवसाद का एक महत्वपूर्ण लक्षण है। इसमें व्यक्ति का ध्यान अक्सर नकारात्मक

पहलुओं पर केंद्रित रहता है और वह सकारात्मक घटनाओं को नजरअंदाज करता है। निराशावादी सोच के चलते व्यक्ति भविष्य के प्रति आशा और विश्वास खो देता है और अपने जीवन की समस्याओं को बड़ा और असाध्य मानने लगता है। यह सोच व्यक्ति की मानसिक स्थिति को और बिगाड़ सकती है, क्योंकि निरंतर नकारात्मक विचार व्यक्ति की मानसिक ऊर्जा को समाप्त कर देते हैं और उसके आत्म-संवर्धन की संभावना को कम कर देते हैं।

इन समस्याओं के प्रभाव से व्यक्ति की सामाजिक, पेशेवर और व्यक्तिगत जीवन में गंभीर दिक्कतें उत्पन्न हो सकती हैं। आत्म-हीनता और निराशावादी सोच व्यक्ति की आत्म-विश्वास को कमजोर करती है और उसे अपने लक्ष्यों को प्राप्त करने में कठिनाई का सामना करना पड़ता है। साथ ही ये विचार व्यक्ति के रिश्तों को भी प्रभावित कर सकते हैं, क्योंकि व्यक्ति अपने आप को दूसरों से अलग और कमजोर मान सकता है, जिससे सामाजिक संबंधों में तनाव उत्पन्न हो सकता है। सही मार्गदर्शन और समर्थन से आत्म-हीनता और निराशावादी सोच को नियंत्रित किया जा सकता है और व्यक्ति की मानसिक स्थिति में सुधार किया जा सकता है।

• सामाजिक गतिविधियों से दूरी बनाना

डिप्रेशन की स्थिति में व्यक्ति की मानसिक और भावनात्मक स्थिति इतनी खराब हो सकती है कि वह सामान्य जीवन की गतिविधियों से पूरी तरह दूर हो जाता है। एक सामान्य प्रवृत्ति, जिसे हम अक्सर डिप्रेशन के साथ देखते हैं, वह है सामाजिक गतिविधियों से दूरी बनाना। यह दूरी बनाना केवल सामाजिक संपर्क में कमी नहीं लाता, बल्कि व्यक्ति की आत्ममूल्यता और जीवन की गुणवत्ता पर भी नकारात्मक प्रभाव डालता है।

जब व्यक्ति डिप्रेशन का शिकार होता है, तो उसके भीतर खुद को दूसरों से अलग-थलग महसूस करने की प्रवृत्ती पैदा हो जाती है। यह भावना उसे सामाजिक गतिविधियों से दूर कर देती है। इसका एक कारण यह हो सकता है कि व्यक्ति खुद को समाज के अन्य लोगों के साथ जुड़ा हुआ महसूस ना करें और खुद को उनसे अलग मानें, जिसके कारण वह सामाजिक कार्यक्रमों और मौकों से बचता है। इस सामाजिक दूरी के कारण व्यक्ति अपने

दोस्तों और परिवार से संपर्क खो देता है, जो उसे अकेलापन और निराशा की ओर ले जाता है।

सामाजिक गतिविधियों से दूरी बनाना व्यक्ति की मानसिक स्थिति को और भी बिगाड़ सकता है। जब व्यक्ति सामाजिक संपर्क से कट जाता है, तो उसके पास कोई ऐसा व्यक्ति नहीं रहता, जिससे वह अपनी भावनाओं को साझा कर सके। यह स्थिति उसके तनाव और चिंता को बढ़ा देती है और उसे एक ही स्थान पर खड़ा कर देती है, जिससे उसका इलाज और सुधार मुश्किल हो जाता है। साथ ही सामाजिक संपर्क की कमी से व्यक्ति को मानसिक और भावनात्मक सहारा नहीं मिल पाता, जो उसकी ठीक होने की प्रक्रिया को धीमा कर देता है।

इस प्रकार, डिप्रेशन के दौरान सामाजिक गतिविधियों से दूरी बनाना एक आत्म - प्रवृत प्रवृति हो सकती हैं, लेकिन इसका नकारात्मक प्रभाव बहुत गहरा और व्यापक होता है। जब व्यक्ति इस स्थिति का सामना कर रहा होता है, तो सामाजिक समर्थन और संपर्क को बनाए रखना बहुत महत्वपूर्ण होता है। यह न केवल व्यक्ति की मानसिक स्थिति को स्थिर करने में मदद करता है, बल्कि उसकी रिकवरी के प्रयासों को भी सशक्त बनाता है। सामाजिक समर्थन और सहभागिता के बिना डिप्रेशन के लक्षणों को प्रबंधित करना और उन्हें पार करना कठिन हो सकता है,

इसलिये इस दूरी को कम करने और सामाजिक संपर्क को बढ़ावा देने की कोशिशें करनी चाहिए।

• रोजमर्रा की गतिविधियों में रुचि की कमी होना

डिप्रेशन एक ऐसी मानसिक स्वास्थ्य स्थिति है जो व्यक्ति की भावनात्मक और मानसिक स्थिति को गहराई से प्रभावित करती है। इस मानसिक स्थिति के दौरान एक सामान्य लक्षण है रोजमर्रा की गतिविधियों में रुचि की कमी होना। यह कमी उस व्यक्ति के जीवन को गहराई से प्रभावित करती है और उसकी दिनचर्या को बदल देती है। जब कोई व्यक्ति डिप्रेशन का शिकार होता है, तो वह सामान्य कार्यों और गतिविधियों के प्रति अपनी रुचि और उत्साह खो देता है, जो उसके जीवन को नकारात्मक रूप से प्रभावित कर सकता है।

रोजमर्रा की गतिविधियों में रुचि की कमी का मतलब यह नहीं है कि व्यक्ति सिर्फ सक्रिय कार्यों से

बचना चाहता है। बल्कि यह कमी एक गहरी मानसिक स्थिति का संकेत है, जिसमें व्यक्ति उन चीजों में भी रुचि खो देता है जिन्हें वह पहले आनंददायक मानता था। यह स्थिति उसे उन कार्यों से भी दूर कर देती है जो उसकी दिनचर्या का हिस्सा होते हैं, जैसे कि खानापीना, व्यायाम करना या अपनी पसंदीदा गतिविधियों में भाग लेना। यह महसूस करना कि चीजें अब उतनी आनंददायक नहीं हैं, व्यक्ति के आत्म संस्कार और आत्म मूल्यता को भी प्रभावित करता हैं ।

रोजमर्रा की गतिविधियों में रुचि की कमी का प्रभाव न केवल व्यक्तिगत जीवन पर पड़ता है, बल्कि सामाजिक जीवन और पेशेवर जीवन पर भी पड़ता है। जब व्यक्ति किसी गतिविधि में रुचि खो देता है, तो उसका सामाजिक संपर्क घट सकता है और उसकी पेशेवर उत्पादकता में भी कमी आ सकती है। इसके अलावा यह स्थिति व्यक्ति की मानसिक और शारीरिक सेहत को भी प्रभावित करती है, जैसे कि भूख की कमी, नींद में समस्याएं और थकावट।

इस स्थिति का समाधान करने के लिए यह महत्वपूर्ण है कि व्यक्ति डिप्रेशन के लक्षणों को पहचानने और उन्हें समझने की कोशिश करे। उपचार और थैरेपी से इस मानसिक स्थिति को संभालने में मदद मिल सकती है। मानसिक स्वास्थ्य पेशेवर के साथ संवाद और समर्थन प्राप्त करने से व्यक्ति धीरे-धीरे उन गतिविधियों के प्रति अपनी रुचि को पुनः प्राप्त कर सकता है, जिन्हें उसने पहले आनंददायक माना था। इसके साथ ही धीरे-धीरे छोटे-छोटे कदम उठाकर और खुद को प्रोत्साहित करके व्यक्ति अपने जीवन को फिर से सक्रिय और सकारात्मक दिशा में ले जा सकता है। इस प्रकार डिप्रेशन के दौरान रोजमर्रा की गतिविधियों में रुचि की कमी एक महत्वपूर्ण और चुनौतीपूर्ण लक्षण है, जो व्यक्ति के जीवन की गुणवत्ता को

प्रभावित करता है। इसका समुचित उपचार और समर्थन प्राप्त करना महत्वपूर्ण है ताकि व्यक्ति अपनी रुचियों और जीवन की ओर लौट सके।

• आत्महत्या के विचार आना

डिप्रेशन में आत्महत्या के विचारों का आना एक अत्यंत संवेदनशील और गंभीर समस्या है। जब व्यक्ति डिप्रेशन से गुजर रहा होता है, तो उसके मन में आत्महत्या के विचार उभर सकते हैं, जो कि उसकी स्थिति की गहराई और गंभीरता का संकेत होते हैं। यह विचार अक्सर निराशा, असहायता और आत्म-मूल्यता की कमी से जुड़े होते हैं, जो व्यक्ति को जीवन के प्रति अयोग्यता का अनुभव कराते हैं।

आत्महत्या के विचार केवल एक संयोग या तात्कालिक भावना नहीं होते, बल्कि ये एक गंभीर मानसिक स्वास्थ्य स्थिति की ओर इशारा करते हैं। जब किसी

व्यक्ति का मानसिक स्वास्थ्य कमजोर होता है, तो वह न केवल अपने वर्तमान दर्द और संकट को सहन नहीं कर पाता, बल्कि वह भविष्य की संभावनाओं को भी अंधकारमय मानने लगता है। इस स्थिति में आत्महत्या के विचार एक प्रकार की **"उद्धार"** की तलाश हो सकते हैं, जहां व्यक्ति खुद को उस दर्द और पीड़ा से मुक्ति दिलाने की कोशिश करता है जो उसके मानसिक और भावनात्मक जीवन को भरपूर तरीके से प्रभावित कर रही होती है।

आत्महत्या के विचार तब और भी गंभीर हो जाते हैं जब व्यक्ति अकेला और सामाजिक समर्थन से वंचित महसूस करता है। जब सामाजिक समर्थन की कमी होती है, तो व्यक्ति अपने विचारों और भावनाओं को अकेले ही सहन करने की कोशिश करता है, जिससे वह और भी अधिक निराश और हताश हो सकता है। ऐसे में आत्महत्या के विचारों का आना और भी आम हो जाता है और ये विचार व्यक्ति की मानसिक स्थिति को और भी खराब कर सकते हैं।

डिप्रेशन का एक प्रमुख लक्षण आत्महत्या के विचारों का आना है। जब व्यक्ति गहरे डिप्रेशन में होता है, तो उसे ऐसा महसूस हो सकता है कि उसकी समस्याएं और दर्द अंतहीन हैं। ऐसे में आत्महत्या एक तरीका प्रतीत हो सकता है जिससे व्यक्ति अपने दर्द से मुक्ति पा सके। आत्महत्या के विचार आमतौर पर उन लोगों में उत्पन्न होते हैं जो अत्यधिक निराश और असहाय महसूस करते हैं और जिन्हें लगता है कि उनके पास दर्द से बाहर निकलने का कोई दूसरा तरीका नहीं है। इस प्रकार डिप्रेशन के दौरान आत्महत्या के विचार एक गंभीर और संवेदनशील मुद्दा हैं, जिनसे निपटने के लिए सही समय पर और उचित सहायता प्राप्त करना महत्वपूर्ण है। यह मदद व्यक्ति को

अपने दर्द और निराशा को समझने और उन्हें एक सकारात्मक दिशा में बदलने में सहायता कर सकती है।

डिप्रेशन के प्रकार

डिप्रेशन एक ऐसी समस्या है जिसके कई विविध रूप देखने को मिल सकते हैं। इसकी जटिलता को समझने के लिए विद्वानों द्वारा इसे कई अलग-अलग प्रकार में विभाजित किया गया हैं। डिप्रेशन अलग-अलग इंसान में अलग-अलग स्वरूप में देखने को मिल सकता हैं, यह सामान आयु वर्ग के दो व्यक्ति में भी अलग-अलग स्वरूप में देखने को मिलता हैं। प्रत्येक प्रकार के डिप्रेशन के लक्षण और प्रभाव अलग-अलग हो सकते हैं, जो व्यक्ति की मानसिक और भावनात्मक भलाई को विभिन्न तरीकों से प्रभावित करते हैं।

डिप्रेशन सिर्फ एक तरह का नहीं होता है, जैसा कि ज्यादातर लोग सोचते हैं। यह अलग-अलग तरीकों से दिखाई दे सकता है। यह आपके जीवन में कुछ परिवर्तनों के कारण उत्पन्न हो सकता है, जबकि अन्य आपके मस्तिष्क में कुछ रासायनिक परिवर्तनों के कारण होते हैं। जो भी मामला हो एक मानसिक स्वास्थ्य विशेषज्ञ को देखना सबसे महत्वपूर्ण है। जो आपका सही ढंग से इलाज कर सके और आपको आगे का रास्ता बता सके। आइए विभिन्न प्रकार के डिप्रेशन को समझते हैं।

मेजर डिप्रेसिव डिसऑर्डर
(Major Depressive Disorder - MDD)

मेजर डिप्रेसिव डिसऑर्डर (MDD) एक गंभीर और व्यापक मानसिक स्वास्थ्य स्थिति है, जो व्यक्ति के जीवन को गहराई से प्रभावित करती है। इसे सामान्यतः मेजर डिप्रेशन के नाम से जाना जाता है और यह व्यक्ति की भावनात्मक, मानसिक और शारीरिक भलाई पर व्यापक प्रभाव डालता है। MDD की पहचान तब की जाती है जब व्यक्ति लंबे समय तक अत्यधिक निराशा, उदासी और आत्ममूल्यता की कमी का अनुभव करता है।

MDD के लक्षण अक्सर व्यक्ति के रोजमर्रा के जीवन को प्रभावित करते हैं। व्यक्ति को सामान्य गतिविधियों में रुचि की कमी हो सकती है और वह उन कार्यों को भी बोझिल मान सकता है जो पहले उसे आनंदित करते थे। इस स्थिति में व्यक्ति की ऊर्जा स्तर में भारी कमी हो जाती है, जिससे दैनिक जीवन की गतिविधियाँ भी कठिन लगने लगती हैं। सोने और खाने की आदतों में भी परिवर्तन देखे जा सकते हैं, जैसे कि अधिक सोना या नींद की कमी, अत्यधिक खाना या भूख की कमी।

इसके अतिरिक्त व्यक्ति को ध्यान केंद्रित करने में कठिनाई हो सकती है और वह खुद को निराश, दोषी या असमर्थ महसूस कर सकता है। आत्महत्या के विचार या प्रयास भी MDD के गंभीर लक्षणों में शामिल हो सकते हैं। यह स्थिति व्यक्ति के जीवन की गुणवत्ता को बहुत अधिक प्रभावित करती है और उसके परिवार और सामाजिक संबंधों पर भी नकारात्मक असर डालती है।

MDD का कारण पूरी तरह से स्पष्ट नहीं है, लेकिन इसमें आनुवंशिक, जैविक और पर्यावरणीय कारकों का योगदान हो सकता है। मस्तिष्क के रसायनों जैसे कि सेरोटोनिन और नॉरएपिनेफ्रिन के असंतुलन के कारण भी MDD हो सकता है। इसके अलावा जीवन की कठिनाइयाँ जैसे कि तनावपूर्ण घटनाएँ, रिश्तों में समस्याएँ या किसी प्रियजन की मृत्यु भी इस स्थिति को बढ़ावा दे सकती हैं।

उपचार के बिना MDD व्यक्ति की मानसिक और शारीरिक भलाई को गंभीर रूप से प्रभावित कर सकता है। इसका इलाज आमतौर पर मनोचिकित्सा और औषधीय उपचार के संयोजन से किया जाता है। काउंसलिंग और थेरापी जैसे कि संज्ञानात्मक व्यवहार थेरेपी (CBT) व्यक्ति को अपनी नकारात्मक सोच और व्यवहार को पहचानने और सुधारने में मदद कर सकती है। इसके साथ ही एंटीडिप्रेसेंट दवाएँ भी MDD के लक्षणों को प्रबंधित करने में सहायक हो सकती हैं।

इस प्रकार मेजर डिप्रेसिव डिसऑर्डर एक गंभीर मानसिक स्थिति है जो व्यक्ति के जीवन को व्यापक रूप

से प्रभावित करती है। उचित उपचार और समर्थन के माध्यम से व्यक्ति अपनी स्थिति में सुधार कर सकता है और एक स्वस्थ और संतुलित जीवन जीने की दिशा में कदम बढ़ा सकता है।

डिस्टायमिया
(Persistent Depressive Disorder - PDD)

डिस्टायमिया, जिसे पर्सिस्टेंट डिप्रेसिव डिसऑर्डर (PPD) के नाम से भी जाना जाता है, एक दीर्घकालिक अवसाद की स्थिति है। यह एक प्रकार का हल्का लेकिन लगातार डिप्रेशन है जो व्यक्ति के मानसिक और भावनात्मक स्वास्थ्य पर दीर्घकालिक प्रभाव डालता है। डिस्टायमिया में व्यक्ति लंबे समय तक निराशा और उदासी का अनुभव करता है जो उसके सामान्य जीवन की गुणवत्ता को प्रभावित करता है।

इस स्थिति की पहचान तब की जाती है जब व्यक्ति की निराशा और अवसाद की भावना लगातार दो साल या

उससे अधिक समय तक बनी रहती है। इसके लक्षण मेजर डिप्रेसिव डिसऑर्डर (MMD) के लक्षणों की तरह होते हैं, लेकिन वे सामान्यतः कम गंभीर होते हैं। डिस्टायमिया में व्यक्ति को ऊर्जा की कमी, आत्ममूल्यता की कमी और निराशा का अनुभव हो सकता है, लेकिन ये लक्षण अत्यधिक नहीं होते जैसे कि MDD में होते हैं। हालांकि निरंतरता की वजह से ये लक्षण व्यक्ति के जीवन को गंभीर रूप से प्रभावित कर सकते हैं।

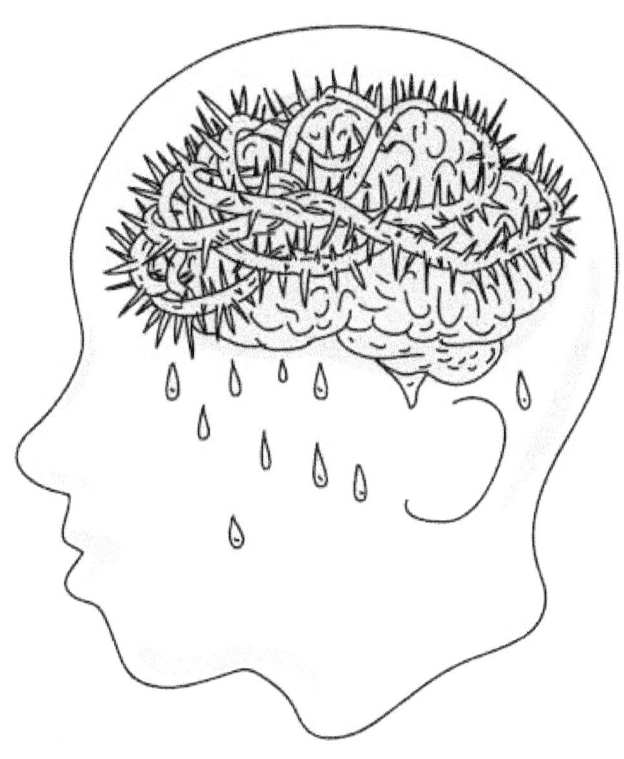

डिस्टायमिया का इलाज और प्रबंधन चुनौतीपूर्ण हो सकता है क्योंकि यह स्थिति लंबे समय तक बनी रहती है और कभी-कभी व्यक्ति को इसकी गंभीरता का एहसास नहीं होता। इसके लक्षण आमतौर पर धीरे-धीरे विकसित होते हैं और व्यक्ति को यह नहीं लगता कि उनकी स्थिति गंभीर हो सकती है। इस स्थिति की वजह से व्यक्ति की सामाजिक और पेशेवर जीवन में समस्या उत्पन्न हो सकती है, जैसे कि काम में मनोबल की कमी, रिश्तों में तनाव और सामाजिक गतिविधियों से दूरी बनाना।

इस स्थिति का इलाज आमतौर पर मनोचिकित्सा और औषधीय उपचार के संयोजन से किया जाता है। संज्ञानात्मक व्यवहार थेरेपी (CBT) जैसे मनोचिकित्सा उपाय व्यक्ति को नकारात्मक सोच और व्यवहार को पहचानने और उसे बदलने में मदद कर सकते हैं। एंटीडिप्रेसेंट दवाएँ भी डिस्टायमिया के लक्षणों को प्रबंधित करने में सहायक हो सकती हैं।

इन दवाओं और थेरापी का संयोजन व्यक्ति को उसकी स्थिति से उबरने और सामान्य जीवन की ओर

लौटने में मदद कर सकता है। डिस्टायमिया के इलाज के लिए व्यक्ति को समय-समय पर और नियमित रूप से पेशेवर सहायता प्राप्त करनी चाहिए। इस स्थिति के साथ जीना कठिन हो सकता है लेकिन उचित उपचार और समर्थन से व्यक्ति अपने मानसिक स्वास्थ्य को सुधारने और एक संतुलित जीवन जीने की दिशा में अग्रसर हो सकता है।

बाइपोलर डिसऑर्डर
(Bipolar Disorder)

बाइपोलर डिसऑर्डर, जिसे कभी-कभी **मैनिक-डिप्रेसिव डिसऑर्डर** भी कहा जाता है। यह एक प्रकार की जटिल मानसिक स्वास्थ्य स्थिति है जिसमें व्यक्ति के मूड में अत्यधिक उतार-चढ़ाव होते हैं। इस स्थिति की पहचान तब की जाती है जब व्यक्ति में अवसादित मूड (डिप्रेशन) और मैनिक मूड (उच्च और उत्साही मूड) के एपिसोड्स का मिश्रण होता है। बाइपोलर डिसऑर्डर का प्रभाव व्यक्ति के जीवन के विभिन्न पहलुओं पर पड़ सकता है, जिसमें उसका पेशेवर जीवन, सामाजिक संबंध और व्यक्तिगत भलाई शामिल है।

बाइपोलर डिसऑर्डर के मैनिक एपिसोड्स में व्यक्ति अत्यधिक ऊर्जा, ऊंचे मूड और उत्तेजना का अनुभव करता है। इस दौरान व्यक्ति बेहद उत्साही, सक्रिय और कभी-कभी अत्यधिक आत्ममुग्ध हो सकता हैं। उसकी सोच बहुत तेजी से चलती हैं और उसे कई योजनाएं और विचार एक साथ आने लगते हैं। मैनिक एपिसोड्स के दौरान व्यक्ति का निर्णय लेने की क्षमता प्रभावित हो सकती है, जिससे उसे जोखिम भरे या असंगत व्यवहार करने की प्रवृत्ति होती है। कभी-कभी इस स्थिति में व्यक्ति को भ्रम या मतिभ्रम भी हो सकते हैं।

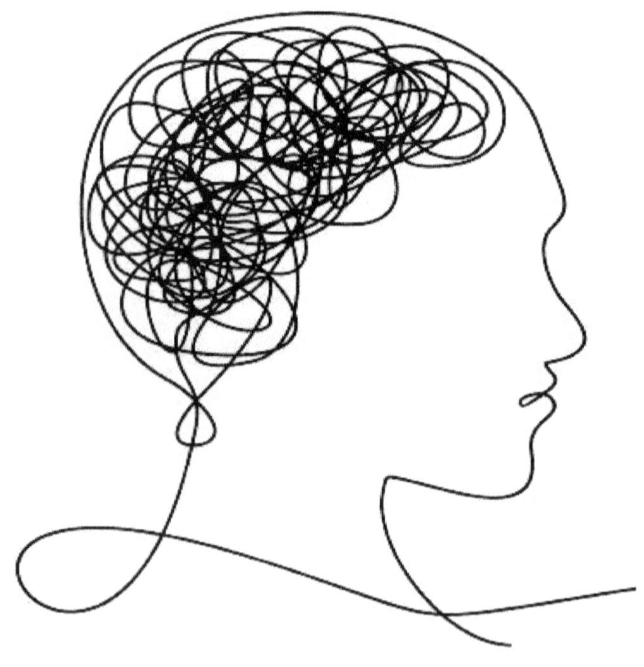

इसके विपरीत, बाइपोलर डिसऑर्डर में अवसादित मूड के एपिसोड्स में व्यक्ति गहरे अवसाद, निराशा और ऊर्जा की कमी का अनुभव करता है। इस स्थिति में व्यक्ति को आत्ममूल्यता की कमी, ध्यान केंद्रित करने में कठिनाई और निरंतर उदासी महसूस हो सकती है। वह अपने दिनचर्या के कामों में रुचि खो सकता है और खुद को असहाय या दोषी महसूस कर सकता है। अवसादित मूड के एपिसोड्स व्यक्ति की जीवन की गुणवत्ता को गंभीर रूप से प्रभावित कर सकते हैं और कभी-कभी आत्महत्या के विचार भी उत्पन्न हो सकते हैं।

बाइपोलर डिसऑर्डर के प्रकार आमतौर पर तीन श्रेणियों में बांटे जाते हैं :- बाइपोलर 1st डिसऑर्डर, बाइपोलर 2nd डिसऑर्डर और साइक्लोथाइमिया। बाइपोलर 1st डिसऑर्डर में मैनिक एपिसोड्स की तीव्रता अधिक होती है और इनका प्रभाव लंबे समय तक बना रहता है। बाइपोलर 2nd डिसऑर्डर में व्यक्ति को मैनिक एपिसोड्स की तुलना में हाइपोमैनिक एपिसोड्स का अनुभव होता है, जो कि कम गंभीर होते हैं लेकिन अवसादित एपिसोड्स अधिक गंभीर हो सकते हैं। साइक्लोथाइमिया एक हल्के प्रकार का बाइपोलर डिसऑर्डर है जिसमें व्यक्ति को हल्के

मैनिक और अवसादित लक्षण अनुभव होते हैं जो कि कम गंभीर और लंबे समय तक चलने वाले होते हैं।

इस स्थिति का निदान आमतौर पर मानसिक स्वास्थ्य पेशेवर द्वारा किया जाता है जो व्यक्ति की चिकित्सा और मानसिक इतिहास की समीक्षा करते हैं। बाइपोलर डिसऑर्डर का इलाज आमतौर पर मनोचिकित्सा जैसे कि संज्ञानात्मक व्यवहार थेरेपी (CBT) और औषधीय उपचार का संयोजन होता है। मूड स्टेबिलाइज़र और एंटीडिप्रेसेंट दवाएँ इस स्थिति के लक्षणों को प्रबंधित करने में मदद कर सकती हैं। उचित उपचार और चिकित्सा प्रबंधन से व्यक्ति अपने मूड को नियंत्रित कर सकता है और एक संतुलित जीवन जीने में सक्षम हो सकता है।

बाइपोलर डिसऑर्डर एक दीर्घकालिक स्थिति है लेकिन इसके सही समय पर उपचार और समर्थन से व्यक्ति की स्थिति में सुधार संभव है। परिवार और दोस्तों का समर्थन भी इस स्थिति के प्रबंधन में महत्वपूर्ण भूमिका निभाता है क्योंकि यह व्यक्ति को मानसिक और भावनात्मक रूप से संबल प्रदान करता है।

सिजोफ्रेनिया के साथ डिप्रेशन
(Schizoaffective Disorder)

सिजोफ्रेनिया के साथ डिप्रेशन, जिसे सिजोफ्रेनिया डिसऑर्डर भी कहा जाता है। एक जटिल मानसिक स्वास्थ्य स्थिति है जो व्यक्ति की सोच, भावनाएँ और व्यवहार को प्रभावित करती है। यह स्थिति सिजोफ्रेनिया और डिप्रेशन दोनों के लक्षणों का संयोजन होती है, जो व्यक्ति के जीवन की गुणवत्ता को गंभीर रूप से प्रभावित कर सकते हैं। सिजोफ्रेनिया डिसऑर्डर में व्यक्ति को मानसिक स्वास्थ्य के दोनों पक्षों, यानी सिजोफ्रेनिया और अवसादित मूड के लक्षणों का अनुभव होता है।

सिजोफ्रेनिया के लक्षणों में अक्सर भ्रम, मतिभ्रम और विकृत सोच शामिल होती है। व्यक्ति वास्तविकता से संबंध खो सकता है और उसे काल्पनिक धारणाएँ और सुनाई देने वाली आवाज़ें हो सकती हैं। इन लक्षणों के साथ-साथ व्यक्ति के सामाजिक संपर्क, भावनात्मक प्रतिक्रियाएँ और दैनिक कार्यों में भी गंभीर समस्याएँ उत्पन्न हो सकती हैं। सिजोफ्रेनिया के साथ डिप्रेशन में व्यक्ति को अवसाद के लक्षणों जैसे कि गहरी निराशा, आत्ममूल्यता की कमी और जीवन से रुचि की कमी भी अनुभव होती है। यह स्थिति व्यक्ति की मानसिक और भावनात्मक भलाई को व्यापक रूप से प्रभावित करती है, जिससे उसकी सामान्य दिनचर्या और रिश्तों में कठिनाइयाँ उत्पन्न हो सकती हैं।

सिजोफ्रेनिया डिसऑर्डर का निदान मानसिक स्वास्थ्य पेशेवर द्वारा किया जाता है, जिसमें व्यक्ति की चिकित्सीय और मानसिक इतिहास की पूरी समीक्षा की जाती है। निदान के दौरान चिकित्सक यह सुनिश्चित करते हैं कि व्यक्ति के लक्षण सिजोफ्रेनिया और अवसाद दोनों को शामिल करते हैं और यह कि अन्य मानसिक स्वास्थ्य स्थितियों से भिन्न हैं। सही निदान और उपचार के बिना इस स्थिति के लक्षण व्यक्ति की सोच और भावनाओं को

और भी अधिक प्रभावित कर सकते हैं, जिससे सामाजिक और पेशेवर जीवन में समस्याएँ उत्पन्न हो सकती हैं।

इस स्थिति का इलाज आमतौर पर एक समग्र दृष्टिकोण से किया जाता है, जिसमें औषधीय उपचार और मनोचिकित्सा दोनों शामिल होते हैं। एंटीसाइकोटिक दवाएँ सिजोफ्रेनिया के लक्षणों को नियंत्रित करने में मदद कर सकती हैं, जबकि एंटीडिप्रेसेंट दवाएँ अवसाद के लक्षणों को प्रबंधित करने में सहायक हो सकती हैं। इसके साथ ही मनोचिकित्सा जैसे कि संज्ञानात्मक व्यवहार थेरेपी (CPT) व्यक्ति को अपने सोच और व्यवहार को समझने और प्रबंधित करने में मदद कर सकती है। यह चिकित्सा व्यक्ति को उसकी स्थिति के बारे में जागरूकता प्रदान करती है और उसे COPING रणनीतियों को अपनाने में मदद करती है।

सिजोफ्रेनिया के साथ डिप्रेशन का इलाज एक टीम आधारित दृष्टिकोण से किया जाता है, जिसमें मानसिक स्वास्थ्य पेशेवर, चिकित्सा चिकित्सक और परिवार के सदस्य शामिल होते हैं। इस स्थिति में समर्थन और समझ

बहुत महत्वपूर्ण होती है, क्योंकि यह व्यक्ति को उसकी स्थिति को स्वीकार करने और उसकी भलाई में सुधार करने में मदद करती है। समय पर और नियमित उपचार से व्यक्ति को उसकी स्थिति से निपटने में सहायता मिल सकती है और वह अपने जीवन की गुणवत्ता को बेहतर बना सकता है।

इस प्रकार सिजोफ्रेनिया के साथ डिप्रेशन एक जटिल मानसिक स्वास्थ्य स्थिति है जो सिजोफ्रेनिया और अवसाद दोनों के लक्षणों को शामिल करती है। उचित निदान और समग्र उपचार से व्यक्ति को अपने लक्षणों को प्रबंधित करने में मदद मिल सकती है और एक संतुलित और स्वस्थ जीवन जीने की दिशा में कदम बढ़ाया जा सकता है।

प्री - मेन्स्टूअल डिस्फोरिक डिसऑर्डर
(Premenstrual Dysphoric Disorder - PMDD)

प्री - मेन्स्टूअल डिस्फोरिक डिसऑर्डर (PMDD) एक गंभीर प्रकार का प्री - मेन्स्टूअल सिंड्रोम हैं जो महिलाओं में माहवारी के पहले कुछ दिनों के दौरान विकसित होता हैं। यह स्थिति सामान्य प्री - मेन्स्टूअल सिंड्रोम (PMS) से अधिक गंभीर होती हैं और इसमें भावनात्मक, शारीरिक और व्यवहारिक लक्षण शामिल होते हैं, जो महिला की जीवन की गुणवत्ता को महत्वपूर्ण रूप से प्रभावित कर सकते हैं।

PMDD के लक्षण माहवारी के प्रारंभ से लगभग एक सप्ताह पहले शुरू होते हैं और माहवारी के शुरू होने के साथ या थोड़े समय बाद समाप्त हो जाते हैं। इसके लक्षण अत्यधिक भावनात्मक अस्थिरता, अत्यधिक मूड स्विंग्स और गंभीर उदासी शामिल हो सकते हैं। महिलाएं इस दौरान अत्यधिक चिड़चिड़ापन, गुस्सा और निराशा का अनुभव कर सकती हैं। इन भावनात्मक लक्षणों के अलावा शारीरिक लक्षण भी देखे जा सकते हैं जैसे कि सिरदर्द, थकावट, पाचन संबंधी समस्याएँ और स्तनों में सूजन और

दर्द। इन लक्षणों की गंभीरता इतनी अधिक हो सकती है कि वे सामान्य दैनिक गतिविधियों में हस्तक्षेप कर सकते हैं और व्यक्ति की सामाजिक, पेशेवर और व्यक्तिगत जीवन को प्रभावित कर सकते हैं।

PMDD का निदान चिकित्सकीय इतिहास और लक्षणों की समीक्षा पर आधारित होता है। यह सुनिश्चित करने के लिए कि महिला को PMDD है, चिकित्सक उसकी लक्षणों का एक पूरा इतिहास लेते हैं और यह देखते हैं कि क्या ये लक्षण माहवारी के समय के आसपास उत्पन्न होते हैं और उनका प्रभाव कितना गंभीर है। अक्सर चिकित्सक एक लक्षण डायरी रखने की सलाह देते हैं, जिसमें महिला अपने लक्षणों के समय और तीव्रता को नोट करती है, ताकि सही निदान और उपचार की योजना बनाई जा सके।

PMDD का इलाज एक समग्र दृष्टिकोण से किया जाता है जिसमें जीवनशैली में बदलाव, मनोचिकित्सा और औषधीय उपचार शामिल हो सकते हैं। जीवनशैली में बदलाव जैसे कि नियमित व्यायाम, संतुलित आहार और तनाव प्रबंधन तकनीकें मददगार साबित हो सकती हैं।

इसके अलावा संज्ञानात्मक व्यवहार थेरेपी (CBT) जैसी मनोचिकित्सा तकनीकें भी भावनात्मक लक्षणों को प्रबंधित करने में मदद कर सकती हैं। औषधीय उपचार में एंटीडिप्रेसेंट दवाएँ और हार्मोनल उपचार शामिल हो सकते हैं, जो लक्षणों को नियंत्रित करने में सहायक हो सकते हैं। विशेष रूप से SSRI **(सिलेक्टिव सेरोटोनिन रिपटेक इनहिबिटर)** दवाएं PMDD के लक्षणों को प्रबंधित करने में प्रभावी हो सकती हैं।

PMDD के प्रभावी प्रबंधन के लिए व्यक्तिगत और चिकित्सकीय समर्थन बहुत महत्वपूर्ण होता है। परिवार और दोस्तों का समर्थन साथ ही चिकित्सा पेशेवरों की मदद महिला को उसकी स्थिति को समझने और प्रबंधित करने में सहायक हो सकते हैं। इस स्थिति के लिए जागरूकता और शिक्षा भी महत्वपूर्ण है, ताकि महिलाएं अपने लक्षणों को पहचान सकें और समय पर उचित उपचार प्राप्त कर सकें।

इस प्रकार प्री-मेन्स्ट्रुअल डिस्फोरिक डिसऑर्डर (PMDD) एक गंभीर और चुनौतीपूर्ण स्थिति है जो

महिलाओं के मानसिक और शारीरिक स्वास्थ्य को प्रभावित करती है। उचित निदान, उपचार और समर्थन से इस स्थिति के लक्षणों को प्रभावी ढंग से प्रबंधित किया जा सकता है, जिससे महिलाओं को बेहतर जीवन गुणवत्ता प्राप्त करने में मदद मिलती है।

पोस्टपार्टम डिप्रेशन
(Postpartum Depression)

पोस्टपार्टम डिप्रेशन, जिसे प्रसवोत्तर अवसाद भी कहा जाता है, एक गंभीर मानसिक स्वास्थ्य स्थिति है जो महिलाओं को प्रसव के बाद अनुभव हो सकती है। यह स्थिति गर्भवती महिला के लिए एक शारीरिक और भावनात्मक रूप से चुनौतीपूर्ण समय को और भी कठिन बना सकती है। प्रसव के बाद की अवधि में कई महिलाएं हल्के मूड स्विंग्स और भावनात्मक अस्थिरता का अनुभव करती हैं, जिसे **"ब्लूज़"** के रूप में जाना जाता है। हालांकि, पोस्टपार्टम डिप्रेशन इन सामान्य लक्षणों से कहीं अधिक गंभीर होता है और इसे सही समय पर पहचानना और उपचार करना अत्यंत महत्वपूर्ण होता है।

पोस्टपार्टम डिप्रेशन के लक्षण आमतौर पर प्रसव के कुछ दिनों से लेकर कई हफ्तों बाद शुरू हो सकते हैं और यह महीनों तक चल सकते हैं। इस स्थिति में महिला गहरी निराशा, अत्यधिक थकावट और आत्ममूल्यता की

कमी का अनुभव कर सकती है। उसे अपने बच्चे के प्रति लगाव और प्यार की कमी महसूस हो सकती है और वह महसूस कर सकती है कि वह अपनी मां की भूमिका ठीक से निभा नहीं पा रही है। इसके अलावा महिला को नींद की समस्याएँ, भूख में बदलाव और अत्यधिक चिंता या घबराहट जैसे शारीरिक और मानसिक लक्षण भी हो सकते हैं। इन लक्षणों की गंभीरता इतनी अधिक हो सकती है कि वे सामान्य दैनिक गतिविधियों में हस्तक्षेप कर सकते हैं और महिला की सामाजिक और पारिवारिक जीवन को प्रभावित कर सकते हैं।

पोस्टपार्टम डिप्रेशन का निदान करने के लिए चिकित्सक महिला के लक्षणों की पूरी समीक्षा करते हैं और यह सुनिश्चित करते हैं कि ये लक्षण प्रसव के बाद की अवधि में उत्पन्न हुए हैं। अक्सर चिकित्सक यह पूछते हैं कि महिला के लक्षण कितने समय से चल रहे हैं और इनका प्रभाव उसकी दैनिक जीवन पर कितना पड़ा है। सही निदान के लिए मानसिक स्वास्थ्य पेशेवर, मनोचिकित्सक या चिकित्सक की मदद ली जाती है।

पोस्टपार्टम डिप्रेशन का इलाज एक समग्र दृष्टिकोण से किया जाता है। इसमें मनोचिकित्सा, औषधीय उपचार और जीवनशैली में बदलाव शामिल हो सकते हैं। संज्ञानात्मक व्यवहार थेरेपी (CBT) जैसे मनोचिकित्सा उपचार महिला को अपनी नकारात्मक सोच और भावनाओं को समझने और उन्हें प्रबंधित करने में मदद कर सकते हैं। यदि आवश्यक हो तो एंटीडिप्रेसेंट दवाएँ भी दी जा सकती हैं, लेकिन इनका उपयोग केवल चिकित्सक की निगरानी में किया जाना चाहिए। जीवनशैली में बदलाव जैसे कि नियमित व्यायाम, संतुलित आहार और पर्याप्त नींद भी महिला की भलाई में सुधार करने में मदद कर सकते हैं। महिलाओं को यह समझना महत्वपूर्ण है कि पोस्टपार्टम डिप्रेशन एक आम स्थिति है और इसके लिए

इलाज संभव है। परिवार और दोस्तों का समर्थन इस स्थिति के प्रबंधन में महत्वपूर्ण भूमिका निभाता है। एक सहायक और समझदार सामाजिक नेटवर्क महिला को उसकी स्थिति से उबरने में मदद कर सकता है और उसे मानसिक रूप से संबल प्रदान कर सकता है। यदि किसी महिला को प्रसव के बाद गंभीर अवसाद के लक्षण अनुभव होते हैं, तो उसे पेशेवर मदद और उपचार की सलाह दी जाती है ताकि उसकी मानसिक और भावनात्मक भलाई में सुधार हो सके और वह अपने नवजात शिशु के साथ एक स्वस्थ और संतुलित जीवन जी सके।

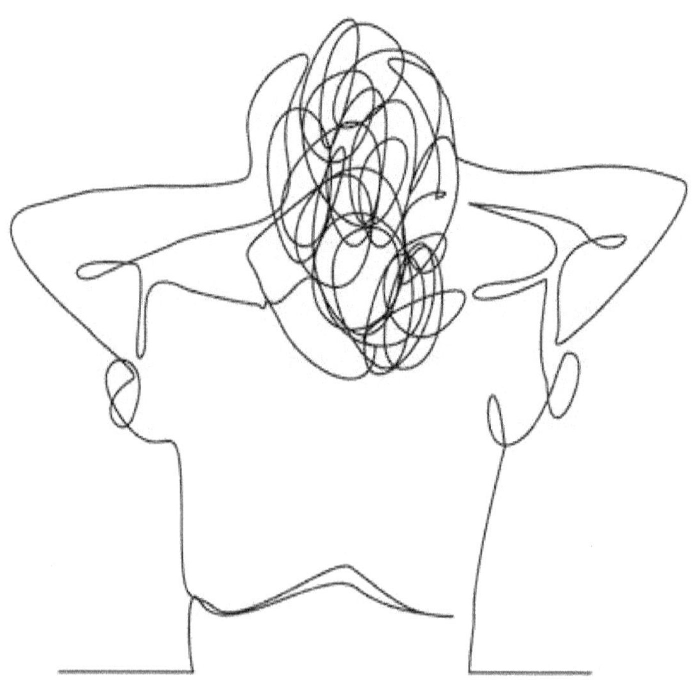

किशोरों में डिप्रेशन

किशोरावस्था जीवन का एक ऐसा चरण है जब व्यक्ति भावनात्मक, शारीरिक और मानसिक बदलावों का सामना करता है। इस अवधि में किशोरों को आत्म-स्वीकृति, पहचान और सामाजिक मानकों से जूझना पड़ता है जो अक्सर उन्हें तनाव और असमंजस की स्थिति में डाल देता है। इन परिस्थितियों के चलते किशोरों में डिप्रेशन या अवसाद की समस्या उत्पन्न हो सकती है। किशोरों में डिप्रेशन को समझना और इसका उचित इलाज करना बहुत महत्वपूर्ण है, क्योंकि यह उनकी मानसिक और भावनात्मक स्थिति पर गंभीर प्रभाव डाल सकता है।

किशोरावस्था में डिप्रेशन के कारण कई हो सकते हैं। शारीरिक परिवर्तन जैसे हार्मोनल असंतुलन मानसिक तनाव को बढ़ा सकते हैं। इसके अलावा पारिवारिक समस्याएं जैसे माता-पिता के बीच झगड़े या आर्थिक कठिनाइयाँ भी किशोरों को प्रभावित कर सकती हैं। सामाजिक दबाव जैसे स्कूल की प्रतिस्पर्धा और दोस्तों के साथ संबंध भी किशोरों के मानसिक स्वास्थ्य पर असर डाल सकते हैं। कभी-कभी किशोर अपने भावनात्मक संघर्षों को ठीक से व्यक्त नहीं

कर पाते जिससे वे अकेलापन और निराशा महसूस कर सकते हैं।

डिप्रेशन के लक्षण किशोरों में अलग-अलग हो सकते हैं। सामान्य लक्षणों में उदासी, निराशा, चिढ़चिढ़ापन और आत्म-निंदा शामिल हैं। इसके अलावा नींद की समस्याएँ, भूख में बदलाव और शारीरिक ऊर्जा की कमी भी डिप्रेशन के संकेत हो सकते हैं। कुछ किशोर आत्मघाती विचारों का भी अनुभव कर सकते हैं जो कि अत्यंत गंभीर स्थिति हो सकती है और तुरंत पेशेवर मदद की आवश्यकता होती है।

किशोरों में डिप्रेशन का निदान और उपचार विशेष ध्यान और समझदारी से किया जाना चाहिए। माता-पिता, शिक्षक और अन्य देखभालकर्ता किशोरों की भावनात्मक स्थिति पर ध्यान दें और उनके साथ खुलकर बातचीत करें। अगर डिप्रेशन के लक्षण स्पष्ट हों तो मानसिक स्वास्थ्य विशेषज्ञ की सलाह लेना महत्वपूर्ण है। मनोचिकित्सा, काउंसलिंग और कभी-कभी दवाइयों का उपयोग किशोरों के डिप्रेशन का इलाज करने में सहायक हो सकता है।

इसके अतिरिक्त किशोरों को एक स्वस्थ जीवनशैली अपनाने के लिए प्रोत्साहित करना भी आवश्यक है। नियमित व्यायाम, संतुलित आहार और पर्याप्त नींद किशोरों के मानसिक स्वास्थ्य को सुधारने में मदद कर सकते हैं। सामाजिक समर्थन जैसे परिवार और दोस्तों का सहयोग किशोरों को भावनात्मक रूप से स्थिर रहने में मदद कर सकता है।

समाज और शिक्षा प्रणाली को भी किशोरों के मानसिक स्वास्थ्य के प्रति संवेदनशील होना चाहिए। स्कूलों में मानसिक स्वास्थ्य जागरूकता कार्यक्रम और समर्थन सेवाएं किशोरों को अपनी समस्याओं को पहचानने और उनका समाधान ढूंढने में सहायता कर सकती हैं। समाज में सकारात्मक संवाद और मानसिक स्वास्थ्य की ओर खुली सोच को बढ़ावा देने से किशोरों को अपनी समस्याओं के समाधान के लिए खुलकर बात करने का अवसर मिल सकता है।

इस प्रकार किशोरों में डिप्रेशन एक गंभीर और जटिल समस्या है, जिसका निदान और उपचार समय पर करना

आवश्यक है। इसके लिए परिवार, शिक्षा प्रणाली और समाज को मिलकर काम करना चाहिए ताकि किशोर मानसिक रूप से स्वस्थ और खुशहाल जीवन जी सकें।

पुरुषों में डिप्रेशन

पुरुषों में डिप्रेशन एक महत्वपूर्ण और अक्सर अनदेखी की जाने वाली मानसिक स्वास्थ्य समस्या है। सामान्यतः हमारी समाज में पुरुषों को दृढ़ और आत्मनिर्भर मानने का चलन है और इसी कारण उनके भावनात्मक संकटों को अक्सर नजरअंदाज किया जाता है। इस सामाजिक मान्यता के कारण अक्सर पुरुषों में डिप्रेशन की पहचान और उपचार की प्रक्रिया जटिल हो सकती है और यह उनके जीवन की गुणवत्ता को गंभीर रूप से प्रभावित कर सकता है।

पुरुषों में डिप्रेशन के कारण विभिन्न हो सकते हैं। पारंपरिक मान्यताओं के अनुसार पुरुषों को हमेशा मजबूत और स्थिर रहना चाहिए जिसके कारण वे अपने मानसिक स्वास्थ्य संबंधी समस्याओं को खुलकर व्यक्त नहीं कर पाते। सामाजिक दबाव, नौकरी की अनिश्चितता, आर्थिक समस्याएं और पारिवारिक जिम्मेदारियों का बोझ भी पुरुषों के मानसिक स्वास्थ्य पर दबाव डाल सकते हैं। इसके अलावा कुछ पुरुषों में देखा गया हैं कि हार्मोनल असंतुलन जैसे टेस्टोस्टेरोन के स्तर में बदलाव भी डिप्रेशन का कारण बन सकता है।

डिप्रेशन के लक्षण पुरुषों में भी अन्य लोगों की तरह ही होते हैं, लेकिन ये अक्सर अलग-अलग तरीकों से प्रकट हो सकते हैं। पुरुष अक्सर अपनी भावनाओ को छिपाने का प्रयास करते हैं इस कारण वे अपने आक्रोश, चिड़चिड़ापन या आक्रामकता को व्यक्त कर सकते हैं। शारीरिक लक्षण, जैसे थकावट, सिरदर्द और पेट की समस्याएँ भी डिप्रेशन के संकेत हो सकते हैं। इसके अतिरिक्त पुरुष अपनी भावनात्मक स्थिति को समझने के बजाय शराब या नशीली दवाओं का सेवन कर सकते हैं जो समस्या को और भी बढ़ा सकता है।

कभी-कभी पुरुष अपने डिप्रेशन को स्वयं भी नहीं पहचान पाते या यह स्वीकार करने में हिचकिचाते हैं। यह अवसाद को और भी बढ़ा सकता है और गंभीर समस्याओं की संभावना को जन्म दे सकता है। डिप्रेशन का इलाज न करने की स्थिति में यह आत्मघाती विचारों, चरम उदासी और जीवन की गुणवत्ता में गंभीर गिरावट का कारण बन सकता है।

पुरुषों में डिप्रेशन के उपचार के लिए कई विकल्प उपलब्ध हैं। सबसे पहले मानसिक स्वास्थ्य पेशेवर से सलाह

लेना अत्यंत महत्वपूर्ण है। मनोचिकित्सा जैसे कि **Cognitive Behavioral Therapy (CBT)** डिप्रेशन के लक्षणों को नियंत्रित करने में मदद कर सकती है। यह उपचार पुरुषों को अपने नकारात्मक विचारों को समझने और उन्हें बदलने में सहायता करता है। इसके अलावा दवाइयां भी डिप्रेशन के इलाज में सहायक हो सकती हैं जो कि एक मानसिक स्वास्थ्य विशेषज्ञ की सलाह पर लेनी चाहिए।

एक स्वस्थ जीवनशैली अपनाना भी डिप्रेशन के उपचार में सहायक हो सकता है। नियमित व्यायाम जैसे जॉगिंग या योग मानसिक स्वास्थ्य को सुधारने में मदद कर सकते हैं। संतुलित आहार और पर्याप्त नींद भी मानसिक स्थिति को बेहतर बना सकते हैं। सामाजिक समर्थन प्राप्त करना भी महत्वपूर्ण है। परिवार, दोस्त या समर्थन समूह से बातचीत करना पुरुषों को अपनी भावनाओं को व्यक्त करने में मदद कर सकता है और उनकी स्थिति में सुधार कर सकता है।

हमारी समाज और संस्कृति में बदलाव भी अति आवश्यक हैं। पुरुषों के मानसिक स्वास्थ्य पर खुलकर चर्चा करना और उन्हें भावनात्मक रूप से खुलने और सहायता मांगने के लिए प्रोत्साहित करना आवश्यक है। शिक्षा प्रणाली और कार्यस्थलों में मानसिक स्वास्थ्य के बारे में जागरूकता बढ़ाने से पुरुषों को अपने मुद्दों को पहचानने और समाधान खोजने में मदद मिल सकती है।

अंततः पुरुषों में डिप्रेशन एक गंभीर समस्या है जो अक्सर अनदेखी की जाती है। इसे समझना और इसका

समय पर उपचार करना आवश्यक है ताकि पुरुष अपने जीवन की गुणवत्ता को बनाए रख सकें और एक स्वस्थ और खुशहाल जीवन जी सकें। समाज, परिवार और मानसिक स्वास्थ्य पेशेवरों को मिलकर काम करना चाहिए ताकि पुरुषों को अपनी भावनाओं को समझने और उनके लिए सही सहायता प्राप्त करने का अवसर मिल सके।

महिलाओं में डिप्रेशन

महिलाओं में डिप्रेशन एक गंभीर और जटिल समस्या है जो समाज में अक्सर अनदेखी या गलतफहमी का शिकार होती है। यह मानसिक स्वास्थ्य की स्थिति केवल व्यक्तिगत दर्द और पीड़ा की नहीं होती, बल्कि इससे जुड़े सामाजिक, जैविक और मनोवैज्ञानिक पहलू भी होते हैं। महिलाओं में डिप्रेशन की समस्या का अध्ययन करते समय यह आवश्यक है कि हम इसके विभिन्न आयामों को समझें जिनमें हार्मोनल परिवर्तन, सामाजिक दबाव और जीवन की चुनौतियाँ शामिल हैं। महिलाओं में डिप्रेशन के सबसे महत्वपूर्ण कारकों में हार्मोनल परिवर्तन शामिल हैं। महिलाओं के जीवन के विभिन्न चरणों में हार्मोनल बदलाव

आते हैं जैसे कि मासिक धर्म, गर्भावस्था और मेनोपॉज़। इन परिवर्तनों का सीधा प्रभाव उनके मूड और मानसिक स्थिति पर पड़ सकता है। उदाहरण के लिए पीएमएस **(प्रीमेंस्ट्रुअल सिंड्रोम)** और पीएमडीडी **(प्रीमेंस्ट्रुअल डिस्फोरिक डिसऑर्डर)** जैसी स्थितियाँ महिलाओं में डिप्रेशन को बढ़ा सकती हैं। गर्भावस्था के दौरान भी हार्मोनल बदलाव के साथ-साथ जिम्मेदारियों और तनाव का स्तर बढ़ जाता है, जो डिप्रेशन की संभावना को बढ़ा सकता है। मेनोपॉज़ के समय हार्मोनल असंतुलन के कारण मानसिक स्वास्थ्य पर भी असर पड़ सकता है।

सामाजिक दबाव और उम्मीदें भी महिलाओं में डिप्रेशन के प्रमुख कारणों में से एक हैं। समाज में महिलाओं को अक्सर परफेक्ट मां, पत्नी और पेशेवर बनने की उम्मीदें होती हैं। इन अपेक्षाओं को पूरा करने की कोशिश में वे खुद को अत्यधिक दबाव में महसूस कर सकती हैं। इसके अतिरिक्त नौकरी की जगह पर भेदभाव, वेतन में असमानता और कार्य-जीवन संतुलन की समस्याएँ भी महिलाओं के मानसिक स्वास्थ्य पर नकारात्मक प्रभाव डाल सकती हैं।

एक ओर जहाँ महिलाएं पारिवारिक और पेशेवर जीवन की जटिलताओं को संतुलित करने की कोशिश करती हैं, वहीं दूसरी ओर समाज की अपेक्षाएँ और भेदभाव उन्हें मानसिक तनाव में डाल सकते हैं।

परिवार और रिश्तों की जटिलताएँ भी महिलाओं में डिप्रेशन का कारण बन सकती हैं। घरेलू हिंसा, असंतोषजनक रिश्ते और पारिवारिक जिम्मेदारियाँ महिलाओं की मानसिक स्थिति को प्रभावित कर सकती हैं। मानसिक स्वास्थ्य पर ये समस्याएँ गंभीर असर डाल सकती हैं और

महिलाओं को असहाय महसूस करा सकती हैं। परिवार में मिल रही समर्थन की कमी और सामाजिक तिरस्कार भी डिप्रेशन को बढ़ावा दे सकते हैं।

महिलाओं में डिप्रेशन की पहचान और इलाज में कठिनाइयाँ भी होती हैं। समाज में मानसिक स्वास्थ्य के प्रति अज्ञानता और पूर्वाग्रह के कारण महिलाएं अक्सर अपनी स्थिति के बारे में खुलकर बात नहीं करतीं। उन्हें संकोच होता है या वे खुद को कमजोर मानती हैं। इसके परिणामस्वरूप बहुत सी महिलाएं अपनी समस्या को लेकर उपचार की खोज में देर कर देती हैं या फिर उपचार प्राप्त करने में असफल रहती हैं। इससे उनके मानसिक स्वास्थ्य की स्थिति और भी बिगड़ सकती है।

सकारात्मक पहलुओं की बात करें तो महिलाओं में डिप्रेशन की पहचान और इलाज के लिए कई उपाय किए जा सकते हैं। चिकित्सकीय सहायता जैसे कि मानसिक स्वास्थ्य विशेषज्ञों की सलाह, मनोचिकित्सा और दवाओं का उपयोग फायदेमंद हो सकता है। इसके साथ ही जीवनशैली

में सुधार, नियमित व्यायाम और स्वस्थ आहार भी मानसिक स्वास्थ्य को बनाए रखने में सहायक होते हैं।

इसके अतिरिक्त सामाजिक समर्थन और समझ भी काफी महत्वपूर्ण हैं। परिवार, दोस्त और समुदाय की मदद से महिलाएं अपने मानसिक स्वास्थ्य पर नियंत्रण पा सकती हैं। मानसिक स्वास्थ्य के बारे में जागरूकता फैलाना और समाज में इसके प्रति संवेदनशीलता बढ़ाना महिलाओं की मदद कर सकता है।

अंत में महिलाओं में डिप्रेशन एक जटिल और बहुपरकारी समस्या है, जिसे समझने और हल करने के लिए एक समग्र दृष्टिकोण की आवश्यकता है। वर्तमान में अक्सर देखा जाता हैं कि महिलाओं में होने वाले डिप्रेशन को हमारी समाज अनदेखा कर रहीं हैं, जबकि इसे समझ कर दूर करने की आवश्यकता हैं।

हार्मोनल असंतुलन, सामाजिक दबाव, पारिवारिक समस्याएँ और मानसिक स्वास्थ्य के प्रति समाज की सोच सभी इस स्थिति को प्रभावित करती हैं। महिलाओं को मानसिक स्वास्थ्य के प्रति जागरूक करना और उन्हें सही समय पर उचित सहायता प्रदान करना अत्यंत महत्वपूर्ण है ताकि वे एक स्वस्थ और संतुलित जीवन जी सकें।

बुजुर्गों में डिप्रेशन

बुजुर्गों में डिप्रेशन एक गंभीर और अक्सर उपेक्षित समस्या है जो जीवन के इस चरण में अधिक ध्यान देने की आवश्यकता है। उम्र बढ़ने के साथ ही शारीरिक, मानसिक और सामाजिक बदलाव आते हैं जो डिप्रेशन की संभावना को बढ़ा सकते हैं। बुजुर्गों के जीवन में ये बदलाव उनके मानसिक स्वास्थ्य पर महत्वपूर्ण प्रभाव डाल सकते हैं और उनके जीवन की गुणवत्ता को प्रभावित कर सकते हैं।

उम्र बढ़ने के साथ शारीरिक स्वास्थ्य समस्याएँ आम हो जाती हैं, जैसे कि पुरानी बीमारियाँ, दर्द और अक्षमताएँ। ये स्वास्थ्य समस्याएँ न केवल शारीरिक पीड़ा का कारण बनती हैं बल्कि मानसिक तनाव और चिंता को भी जन्म देती हैं। जब बुजुर्गों को लगातार शारीरिक दर्द का सामना करना पड़ता है या उनकी मौजूदा स्वास्थ्य समस्याएँ बिगड़ जाती हैं, तो यह उनकी मानसिक स्थिति को प्रभावित कर सकता है। कई बार इन स्वास्थ्य समस्याओं का इलाज या प्रबंधन सही तरीके से नहीं हो पाता जिससे निराशा और अवसाद की स्थिति पैदा होती है। अलगाव और सामाजिक समर्थन की कमी भी बुजुर्गों में डिप्रेशन के महत्वपूर्ण

कारणों में से एक है। जैसे-जैसे लोग उम्र के साथ बुजुर्ग हो जाते हैं, उनके जीवन में बहुत से महत्वपूर्ण बदलाव आते हैं।

परिवार के सदस्य अपने-अपने जीवन में व्यस्त हो जाते हैं, दोस्त और साथी एक-एक करके छोड़कर चले जाते हैं और सामाजिक नेटवर्क धीरे-धीरे संकुचित हो जाता हैं। इस सामाजिक अलगाव का परिणाम अक्सर अकेलापन और अत्ममूल्यता की कमी के रूप में प्रकट होता हैं, जो डिप्रेशन को बढ़ा सकता है। बुजुर्ग व्यक्ति अपने आत्मसम्मान को बनाए रखने के लिए संघर्ष कर सकते हैं और इस स्थिति को सहन करना उनके लिए कठिन हो सकता है।

बुजुर्गों में डिप्रेशन की पहचान भी एक चुनौतीपूर्ण कार्य है। इसके लक्षण कई बार अन्य शारीरिक समस्याओं के लक्षणों के साथ मिश्रित हो सकते हैं, जिससे सही निदान और उपचार में देरी हो सकती है। उदाहरण के लिए थकावट, भूख में कमी, नींद की समस्याएँ और सामान्य जीवन में

रुचि की कमी जैसी समस्याएँ बुजुर्गों में आम हो सकती हैं और इन्हें डिप्रेशन के लक्षणों से जोड़ा जा सकता है। इसके अतिरिक्त कई बुजुर्ग अपने मानसिक स्वास्थ्य समस्याओं को छुपाते हैं या अपनी समस्याओं के बारे में बात करने में संकोच करते हैं, जिससे समस्या की गंभीरता को समझने में कठिनाई हो सकती है।

डिप्रेशन का असर केवल व्यक्तिगत मानसिक स्थिति पर नहीं पड़ता, बल्कि यह शारीरिक स्वास्थ्य को भी प्रभावित करता है। जब बुजुर्ग मानसिक रूप से परेशान होते हैं, तो वे अपनी शारीरिक देखभाल पर ध्यान नहीं दे पाते, जो स्वास्थ्य समस्याओं को और बढ़ा सकता है। यह काफी गंभीर विषय हो सकता हैं। यह एक दुष्चक्र बन सकता है, जहां मानसिक तनाव शारीरिक स्वास्थ्य को प्रभावित करता है और खराब शारीरिक स्वास्थ्य मानसिक स्थिति को और बिगाड़ता है।

इस स्थिति को सुधारने के लिए आमतौर पर कई उपाय किए जा सकते हैं। सबसे पहले मानसिक स्वास्थ्य पर ध्यान देना और नियमित रूप से डॉक्टर या मानसिक स्वास्थ्य विशेषज्ञ से संपर्क करना बहुत ज्यादा महत्वपूर्ण है। उपचार में दवाओं, मनोचिकित्सा और सामाजिक सहायता शामिल हो सकती है। इसके साथ ही सामाजिक समर्थन और सक्रिय जीवनशैली भी काफी महत्वपूर्ण हैं। बुजुर्गों को परिवार के साथ समय बिताने, सामाजिक गतिविधियों में भाग लेने और शौक एवं रुचियों को बनाए रखने की प्रोत्साहना दी जानी चाहिए। ये गतिविधियाँ न केवल मानसिक स्वास्थ्य को सुदृढ़ करने में मदद करती हैं बल्कि जीवन की गुणवत्ता को भी बढ़ाती हैं।

सामाजिक नेटवर्क और समर्थन प्रणाली का निर्माण भी आवश्यक है। बुजुर्गों के लिए सामाजिक गतिविधियों का आयोजन और समुदाय की भागीदारी उनकी मानसिक स्थिति को बेहतर बना सकती है। परिवार और दोस्तों को भी इस बात का ध्यान रखना चाहिए कि वे बुजुर्गों की भावनात्मक जरूरतों को समझें और उनका समर्थन करें।

अंत में बुजुर्गों में डिप्रेशन एक गंभीर समस्या है जो उम्र बढ़ने के साथ बढ़ सकती है, लेकिन इसे सही पहचान और उचित देखभाल से नियंत्रित किया जा सकता है। सामाजिक समर्थन, मानसिक स्वास्थ्य पर ध्यान और सक्रिय जीवनशैली बुजुर्गों की जीवन गुणवत्ता को सुधारने में महत्वपूर्ण भूमिका निभा सकते हैं। इसलिए यह जरूरी है कि हम बुजुर्गों की मानसिक स्वास्थ्य समस्याओं को समझें और उन्हें सही सहायता प्रदान करें ताकि वे एक स्वस्थ और संतुलित जीवन जी सकें।

डिप्रेशन के कारण

डिप्रेशन, एक गंभीर मानसिक स्वास्थ्य स्थिति है, जिसकी उत्पत्ति कई विभिन्न कारणों से हो सकती है। यह एक जटिल स्थिति है जिसमें जैविक, मनोवैज्ञानिक और सामाजिक तत्व शामिल होते हैं। आइए, विभिन्न कारणों को विस्तार से समझें :-

1 जैविक कारण

डिप्रेशन के जैविक कारण मस्तिष्क के रसायन, हार्मोनल असंतुलन, आनुवंशिक तत्व और संरचनात्मक असामान्यताओं से जुड़े होते हैं। मस्तिष्क में सेरोटोनिन, नॉरएपिनेफ्रिन और डोपामाइन जैसे न्यूरोट्रांसमीटरों का असंतुलन मूड को प्रभावित कर सकता है। सेरोटोनिन की कमी अक्सर अवसाद और चिंता से जुड़ी होती है जबकि नॉरएपिनेफ्रिन की कमी ऊर्जा और उत्साह में कमी ला सकती है। हार्मोनल परिवर्तन, जैसे गर्भावस्था या मेनोपॉज़ के दौरान हार्मोनल उतार-चढ़ाव डिप्रेशन को बढ़ा सकते हैं। थायरॉइड हार्मोन की कमी भी मानसिक स्वास्थ्य पर असर डाल सकती है। आनुवंशिकता भी महत्वपूर्ण भूमिका

निभाती है, परिवार में डिप्रेशन का इतिहास होने से जोखिम बढ़ सकता है। मस्तिष्क की संरचनात्मक असामान्यताएँ जैसे हिप्पोकैम्पस और अमिगडाला की कार्यप्रणाली में बदलाव भी डिप्रेशन के जोखिम को बढ़ा सकते हैं।

जैविक रसायन

डिप्रेशन का जैविक कारण मुख्य रूप से मस्तिष्क में मौजूद रसायनों के असंतुलन से संबंधित होता है। मस्तिष्क में न्यूरोट्रांसमीटर जैसे सेरोटोनिन, नॉरएपिनेफ्रिन और डोपामाइन हमारी भावनाओं, मूड और व्यवहार को नियंत्रित करते हैं। इन रसायनों के असंतुलन से डिप्रेशन उत्पन्न हो सकता है।

सेरोटोनिन, जो मूड को स्थिर बनाए रखने में मदद करता है, उसकी कमी से व्यक्ति में अवसाद, चिंता और मनोवैज्ञानिक पीड़ा उत्पन्न हो सकती है। यह रसायन तनाव को नियंत्रित करने में भी महत्वपूर्ण भूमिका निभाता

है। नॉरएपिनेफ्रिन, जो ऊर्जा और उत्साह से संबंधित होता है, इसकी कमी से व्यक्ति में थकावट, उदासी और जीवन में रुचि की कमी हो सकती है। डोपामाइन, जो प्रेरणा और खुशी से जुड़ा होता है, उसकी कमी से प्रेरणा में कमी और संतोषजनक भावनाओं की कमी हो सकती है।

इन रसायनों का असंतुलन विभिन्न कारणों से हो सकता है, जैसे आनुवंशिक प्रवृति, हार्मोनल परिवर्तन या मस्तिष्क की संरचनात्मक असामान्यताएँ। मस्तिष्क के कुछ हिस्से, जैसे हिप्पोकैम्पस और अमिगडाला भी इन न्यूरोट्रांसमीटरों की असामान्य गतिविधि से प्रभावित होते हैं, जिससे डिप्रेशन के लक्षण और भी स्पष्ट हो सकते हैं। साथ ही आसानी से देखे जा सकते हैं।

इन जैविक कारणों के आधार पर डिप्रेशन का उपचार अक्सर दवाओं द्वारा किया जाता है, जो मस्तिष्क के रसायनों को संतुलित करने में मदद करती हैं। एंटीडिप्रेसेंट दवाएँ सेरोटोनिन और नॉरएपिनेफ्रिन के स्तर को सुधारने में सहायक होती हैं, जिससे मूड में सुधार और डिप्रेशन के लक्षणों में कमी होती है।

हॉर्मोनल परिवर्तन

डिप्रेशन का एक महत्वपूर्ण कारण हॉर्मोनल परिवर्तन होता है जो व्यक्ति के मानसिक स्वास्थ्य पर गहरा प्रभाव डाल सकता है। हार्मोन शरीर के भीतर विभिन्न प्रक्रियाओं को नियंत्रित करते हैं और उनका असंतुलन मानसिक स्थिति को प्रभावित कर सकता है। हॉर्मोनल परिवर्तन विशेष रूप से महिलाओं में अधिक प्रकट होते हैं, लेकिन पुरुषों में भी इसके प्रभाव देखे जा सकते हैं।

महिलाओं में हॉर्मोनल परिवर्तन के कारण डिप्रेशन के लक्षण विशेष रूप से गर्भावस्था, मासिक धर्म और मेनोपॉज़ के दौरान देखे जाते हैं। गर्भावस्था के दौरान शरीर में एस्ट्रोजन और प्रोजेस्टेरोन हार्मोन का स्तर अत्यधिक बदलता है। ये हार्मोन मूड और भावनाओं पर गहरा प्रभाव डालते हैं। गर्भावस्था के शुरुआती दिनों में हॉर्मोनल उतार-चढ़ाव के कारण महिलाएँ अवसाद और चिंता महसूस कर सकती हैं, जिसे **प्रीनेटल डिप्रेशन** कहा जाता है। इसके अलावा जन्म के बाद भी हॉर्मोनल परिवर्तन होते हैं, जिनसे पोस्टपार्टम डिप्रेशन या **"बच्चे के बाद का अवसाद"** उत्पन्न हो सकता है, जिससे महिलाओं को

निराशा, ऊर्जा की कमी और आत्म-संशय का सामना करना पड़ता है।

मासिक धर्म के दौरान हार्मोनल उतार-चढ़ाव से पीएमएस (प्रीमेंस्ट्रुअल सिंड्रोम) और पीएमडीडी (प्रीमेंस्ट्रुअल डिस्फोरिक डिसऑर्डर) जैसे समस्याएँ उत्पन्न हो सकती हैं। पीएमएस में हार्मोनल बदलाव के कारण मूड स्विंग्स, चिड़चिड़ापन और अवसाद जैसे लक्षण प्रकट हो सकते हैं, जबकि पीएमडीडी एक गंभीर रूप है जिसमें महिलाओं को गंभीर अवसाद, चिंता और आत्महत्या के विचार भी हो सकते हैं।

मेनोपॉज़ के दौरान महिलाओं में एस्ट्रोजन हार्मोन का स्तर गिर जाता है, जिससे शारीरिक और मानसिक स्वास्थ्य पर असर पड़ता है। एस्ट्रोजन की कमी से मूड में अस्थिरता, अवसाद और चिंता बढ़ सकती है। इसके अलावा मेनोपॉज़ के दौरान नींद की समस्याएँ और गर्मी की लहरें भी मानसिक स्थिति को प्रभावित कर सकती हैं, जिससे डिप्रेशन की संभावना बढ़ जाती है।

पुरुषों में भी हार्मोनल परिवर्तन अवसाद का कारण बन सकते हैं। टेस्टोस्टेरोन हार्मोन का स्तर उम्र के साथ घटता है, जिससे ऊर्जा में कमी, उत्साह की कमी और मूड

में बदलाव हो सकता है। इस हार्मोनल कमी को टेस्टोस्टेरोन कमी से जुड़ा अवसाद भी कहा जाता है। पुरुषों में हार्मोनल असंतुलन की वजह से भी अवसाद और अन्य मानसिक स्वास्थ्य समस्याएँ उत्पन्न हो सकती हैं।

हार्मोनल असंतुलन के अलावा अन्य अंतःस्रावी समस्याएँ भी डिप्रेशन का कारण बन सकती हैं। थायरॉइड ग्रंथि से संबंधित समस्याएँ, जैसे हाइपोथायरॉइडिज़म हार्मोनल असंतुलन का एक अन्य कारण हैं। थायरॉइड हार्मोन की कमी से मूड में गिरावट, थकावट और अवसाद के लक्षण उत्पन्न हो सकते हैं।

इन हॉर्मोनल परिवर्तनों को समझना और उनका उपचार करना महत्वपूर्ण है। हार्मोनल असंतुलन से संबंधित अवसाद के इलाज में दवाओं, हार्मोन थेरेपी और जीवनशैली में सुधार शामिल हो सकते हैं। इन उपायों से हार्मोनल असंतुलन को नियंत्रित किया जा सकता है, जिससे मानसिक स्वास्थ्य में सुधार और अवसाद के लक्षणों में कमी आ सकती है।

आनुवंशिकता

डिप्रेशन के कारणों में आनुवंशिकता एक महत्वपूर्ण भूमिका निभाती है और यह इस मानसिक स्वास्थ्य स्थिति की जटिलता को समझने में सहायक होती है। आनुवंशिकता का मतलब है कि यदि किसी व्यक्ति के परिवार में डिप्रेशन का इतिहास है, तो उस व्यक्ति में भी इस स्थिति के विकसित होने की संभावना बढ़ जाती है। यह तथ्य वैज्ञानिक शोध और जीनोम अध्ययन से पुष्टि हो चुका है कि डिप्रेशन में आनुवंशिक तत्व महत्वपूर्ण भूमिका निभाते हैं।

आनुवंशिकता के प्रभाव को समझने के लिए यह जानना बहुत महत्वपूर्ण है कि डिप्रेशन एक बहु-कारक बीमारी है जिसमें कई जीनों और पर्यावरणीय कारकों का योगदान होता है। आनुवंशिक शोध ने यह साबित किया है कि यदि किसी व्यक्ति के माता-पिता, भाई-बहन या अन्य करीबी परिवार के सदस्यों में डिप्रेशन का इतिहास है, तो उस व्यक्ति में भी इस मानसिक स्थिति के विकसित होने की संभावना बहुत अधिक हो सकती है। यह समस्या हर आयु वर्ग में दिखाई देती हैं।

जीनों के अध्ययन से पता चला है कि कुछ विशेष जीन डिप्रेशन के जोखिम को काफी हद तक बढ़ा सकते हैं। उदाहरण के लिए कुछ जीन जो न्यूरोट्रांसमीटरों के स्तर को नियंत्रित करते हैं, जैसे सेरोटोनिन और नॉरएपिनेफ्रिन उनके असामान्य रूप डिप्रेशन से जुड़े हो सकते हैं। इन जीनों का असंतुलन मस्तिष्क की रसायन विज्ञान को प्रभावित कर सकता है, जिससे डिप्रेशन के लक्षण उत्पन्न हो सकते हैं।

आनुवंशिकता के साथ-साथ जीन-पर्यावरण अंतःक्रियाएँ भी डिप्रेशन के जोखिम को प्रभावित करती हैं। इसका मतलब है कि केवल आनुवंशिक तत्व ही नहीं, बल्कि व्यक्तिगत जीवन के अनुभव और पर्यावरणीय परिस्थितियाँ भी डिप्रेशन के विकास में योगदान करती हैं। उदाहरण के लिए, एक व्यक्ति जिनके पास डिप्रेशन के लिए आनुवंशिक प्रवृति है, यदि वह अत्यधिक तनावपूर्ण परिस्थितियों का सामना करता है, तो उसकी मानसिक स्थिति पर प्रभाव पड़ सकता है और डिप्रेशन का खतरा बढ़ सकता है। विभिन्न शोध अध्ययनों ने यह भी दिखाया है कि डिप्रेशन का पारिवारिक इतिहास होने पर विभिन्न प्रकार के डिप्रेशन जैसे मेजर डिप्रेसिव डिसऑर्डर, बायपोलर डिसऑर्डर और डिस्टाइमिक डिसऑर्डर की संभावना बढ़

जाती है। यह दिखाता है कि आनुवंशिकता केवल एक प्रकार के डिप्रेशन से संबंधित नहीं होती, बल्कि विभिन्न प्रकार के डिप्रेशन पर इसका प्रभाव होता है।

हालांकि आनुवंशिकता डिप्रेशन के विकास में एक महत्वपूर्ण भूमिका निभाती है, यह अकेला कारक नहीं है। पर्यावरणीय कारक, जैसे तनावपूर्ण जीवन घटनाएँ, सामाजिक समर्थन की कमी और व्यक्तिगत जीवन के अनुभव आनुवंशिक प्रवृतियों के साथ मिलकर डिप्रेशन के जोखिम को बढ़ाते हैं। इसलिए डिप्रेशन के उपचार और प्रबंधन में आनुवंशिकता को ध्यान में रखते हुए एक समग्र दृष्टिकोण अपनाना महत्वपूर्ण होता है।

इस प्रकार आनुवंशिकता डिप्रेशन के जोखिम को समझने और प्रबंधित करने में महत्वपूर्ण भूमिका निभाती है, लेकिन इसे केवल एक कारक के रूप में नहीं देखना चाहिए। एकीकृत दृष्टिकोण से व्यक्तिगत और पारिवारिक इतिहास, पर्यावरणीय कारक और जीवनशैली को मिलाकर डिप्रेशन के प्रभावी उपचार और प्रबंधन की दिशा में काम किया जा सकता है।

2 मनोवैज्ञानिक कारण

डिप्रेशन का मनोवैज्ञानिक कारण अनेक परतों में छिपा होता है और इसे समझना जटिल हो सकता है। यह स्थिति अक्सर व्यक्ति के मानसिक और भावनात्मक स्थिति से जुड़ी होती है, जहां नकारात्मक विचार और आत्म-संवेदना की कमी महत्वपूर्ण भूमिका निभाते हैं। जब कोई व्यक्ति अपने आप को बार-बार असफल मानता है या अपनी कमजोरियों को बढ़ा-चढ़ा कर देखता है, तो उसकी आत्ममूल्यता में कमी आ जाती है। इससे व्यक्ति का आत्म-सम्मान गिरता है और वह निराशा की स्थिति में जा सकता है।

पारिवारिक पृष्ठभूमि और बचपन के अनुभव भी डिप्रेशन में योगदान कर सकते हैं। बचपन में भावनात्मक उपेक्षा, पारिवारिक झगड़े या किसी भी प्रकार की शारीरिक या मानसिक हिंसा से व्यक्ति के मनोवैज्ञानिक स्वास्थ्य पर दीर्घकालिक असर पड़ सकता है। इसके अतिरिक्त जीवन में आई तनावपूर्ण घटनाएँ जैसे नौकरी की हानि रिश्तों में समस्याएँ या वित्तीय संकट भी डिप्रेशन का कारण बन सकती हैं।

तनाव और जीवन की घटनाएँ

डिप्रेशन एक गंभीर मानसिक स्वास्थ्य समस्या है और इसके कई कारण हो सकते हैं, जिनमें तनाव और जीवन की घटनाएँ प्रमुख भूमिका निभाती हैं। तनाव और महत्वपूर्ण जीवन की घटनाएँ व्यक्ति के मानसिक और भावनात्मक स्थिति को गहराई से प्रभावित कर सकती हैं, जिससे डिप्रेशन की संभावना बढ़ जाती है।

तनाव, चाहे वह छोटे या बड़े स्तर पर हो व्यक्ति के मानसिक स्वास्थ्य पर महत्वपूर्ण प्रभाव डाल सकता है। रोजमर्रा के जीवन में आने वाली समस्याएँ, जैसे कि काम का दबाव, आर्थिक कठिनाइयाँ या पारिवारिक विवाद लगातार तनाव उत्पन्न कर सकती हैं। जब व्यक्ति इन समस्याओं का सामना करता है, तो उनका शरीर और मस्तिष्क इन तनावपूर्ण स्थितियों को सहन करने में व्यस्त हो जाते हैं। इस प्रकार की तनावपूर्ण स्थितियों में मस्तिष्क में **कोर्टिसोल** जैसे तनाव हार्मोन का स्तर बढ़ जाता है, जो लंबे समय तक उच्च स्तर पर रहने पर डिप्रेशन को जन्म दे सकता है। इसके अतिरिक्त तनाव व्यक्ति की सोच और भावनाओं को नकारात्मक रूप से प्रभावित कर सकता है,

जिससे आत्म-संवेदना में कमी और आत्म-मूल्यता में गिरावट होती है।

जीवन की महत्वपूर्ण घटनाएँ, जैसे कि किसी प्रियजन की मृत्यु, तलाक या नौकरी की हानि भी डिप्रेशन का एक महत्वपूर्ण कारण हो सकती हैं। जब कोई व्यक्ति अपने जीवन में एक महत्वपूर्ण और नकारात्मक परिवर्तन का सामना करता है, तो यह उसकी भावनात्मक स्थिति को गहराई से प्रभावित कर सकता है। प्रियजन की मृत्यु या तलाक जैसी घटनाएँ व्यक्ति की भावनाओं को गहरे धक्का पहुंचा सकती हैं, जिससे वह शोक, चिंता और निराशा की स्थिति में जा सकता है। इसी प्रकार नौकरी की हानि या वित्तीय संकट भी व्यक्ति के आत्म-सम्मान और आत्म-मूल्यता को प्रभावित कर सकते हैं, जिससे तनाव और डिप्रेशन की संभावना बढ़ जाती है।

जीवन की घटनाएँ अक्सर व्यक्ति के मानसिक संतुलन को बिगाड़ सकती हैं। जब व्यक्ति को किसी अप्रत्याशित या असामान्य स्थिति का सामना करना पड़ता है, तो वह आमतौर पर अपनी भावनाओं को नियंत्रित करने में कठिनाई महसूस करता है। उदाहरण के लिए अचानक

किसी गंभीर बीमारी का पता चलना या लंबे समय तक बेरोजगारी का सामना करना भी डिप्रेशन को जन्म दे सकता है। इन घटनाओं के बाद व्यक्ति की जीवन की गुणवत्ता और उसकी आत्म-संवेदना पर गहरा असर पड़ता है, जो अंततः मानसिक स्वास्थ्य को प्रभावित कर सकता है।

इसके अलावा जब व्यक्ति तनावपूर्ण घटनाओं के प्रभावों से निपटने के लिए उपयुक्त रणनीतियाँ नहीं अपनाता है, तो इसका असर लंबे समय तक रह सकता है। व्यक्ति की सामाजिक और भावनात्मक सहायक प्रणाली का अभाव भी उसे इन कठिन परिस्थितियों में सहारा नहीं दे सकता, जिससे डिप्रेशन की स्थिति और भी गंभीर हो सकती है।

इस प्रकार तनाव और जीवन की घटनाएँ मिलकर व्यक्ति की मानसिक और भावनात्मक स्थिति पर गहरा असर डाल सकती हैं। तनावपूर्ण परिस्थितियों और महत्वपूर्ण जीवन की घटनाओं के प्रभाव को समझना और उनका सामना करने के लिए प्रभावी रणनीतियाँ अपनाना

आवश्यक है। इससे न केवल व्यक्ति की मानसिक स्वास्थ्य की स्थिति में सुधार हो सकता है, बल्कि डिप्रेशन की संभावना को भी कम किया जा सकता है। यह महत्वपूर्ण है कि व्यक्ति इन कठिनाइयों से निपटने के लिए मानसिक स्वास्थ्य पेशेवर से सलाह ले और अपनी भावनात्मक स्थिति को समझने और सुधारने की दिशा में काम करे।

[96]

आत्म-सम्मान की कमी

आत्म-सम्मान की कमी और डिप्रेशन के बीच एक गहरा और जटिल संबंध होता है। आत्मसम्मान जिसे आत्ममूल्यता या आत्मसम्मान भी कहा जाता है, एक व्यक्ति की खुद को लेकर धारणा और आत्ममूल्यता की भावना है। यह भावना इस बात पर निर्भर करती है कि व्यक्ति अपनी क्षमताओं, उपलब्धियों और मूल्यों को किस दृष्टिकोण से देखता है। जब आत्मसम्मान कम होता है, तो व्यक्ति की आत्ममूल्यता की भावना कमजोर हो जाती है और यह कई बार मानसिक स्वास्थ्य समस्याओं का कारण बन सकती है, जिनमें डिप्रेशन प्रमुख है।

आत्मसम्मान की कमी का एक प्रमुख कारण व्यक्तित्व में नकारात्मक विचारों का प्रवेश होता है। जब व्यक्ति खुद को हीन मानता है, तो वह अपनी क्षमताओं और सफलताओं को नहीं मानता। इस तरह के नकारात्मक विचार व्यक्ति की आत्म-छवि को प्रभावित करते हैं और उसके आत्मसम्मान को कमजोर करते हैं। ये नकारात्मक विचार अक्सर अतीत की असफलताओं, आलोचनाओं या तुलना के कारण उत्पन्न होते हैं। जब व्यक्ति बार-बार

अपनी कमियों और असफलताओं पर ध्यान केंद्रित करता है, तो उसकी आत्ममूल्यता की भावना और कमजोर हो जाती है, जिससे डिप्रेशन का जोखिम बढ़ जाता है।

आत्मसम्मान की कमी का एक और महत्वपूर्ण पहलू यह है कि इससे व्यक्ति की सामाजिक संलग्नता प्रभावित होती है। जब व्यक्ति खुद को कम मानता है, तो वह दूसरों के साथ खुलकर बात करने या सामाजिक गतिविधियों में भाग लेने से हिचकिचाता है। इस प्रकार की आत्म-परायगी और सामाजिक अलगाव व्यक्ति को और अधिक अकेला और अवसादित बना सकती है। सामाजिक समर्थन की कमी भी डिप्रेशन की स्थिति को और बढ़ा सकती है।

डिप्रेशन और आत्मसम्मान की कमी के बीच संबंध को समझने के लिए यह भी महत्वपूर्ण है कि हम यह जानें कि आत्मसम्मान को बढ़ाने के लिए क्या उपाय किए जा सकते हैं। सकारात्मक आत्म-मूल्यता को बढ़ाने के लिए व्यक्ति को अपने व्यक्तिगत गुणों और उपलब्धियों पर ध्यान केंद्रित करना चाहिए। आत्म-स्वीकृति और आत्म-प्रेरणा को बढ़ावा देने के लिए सकारात्मक आत्म-

चर्चा और आत्म-संवेदनशीलता को अपनाना उपयोगी हो सकता है। इसके अलावा मानसिक स्वास्थ्य पेशेवरों की सहायता प्राप्त करना भी एक महत्वपूर्ण कदम हो सकता है। चिकित्सक या मनोवैज्ञानिक व्यक्ति को उसके आत्मसम्मान को समझने और उसे सुधारने के तरीके प्रदान कर सकते हैं, जिससे डिप्रेशन के लक्षणों को नियंत्रित किया जा सकता है।

मनोवैज्ञानिक दृष्टिकोण से आत्मसम्मान की कमी को दूर करने के लिए कई प्रकार की चिकित्सकीय विधियाँ उपलब्ध हैं। Cognitive Behavioral Therapy (CBT) एक ऐसी विधि है जो व्यक्ति के नकारात्मक विचारों और विश्वासों को चुनौती देती है और उन्हें सकारात्मक रूप में बदलने की कोशिश करती है। इसी प्रकार अन्य मनोचिकित्सकीय उपचार भी आत्मसम्मान और आत्ममूल्यता को बढ़ाने में सहायक हो सकते हैं।

आत्मसम्मान की कमी और डिप्रेशन के बीच संबंध को समझना महत्वपूर्ण है, क्योंकि इससे न केवल व्यक्तिगत स्वास्थ्य पर प्रभाव पड़ता है, बल्कि सामाजिक

और पेशेवर जीवन पर भी इसका असर होता है। आत्मसम्मान में सुधार करके व्यक्ति अपने जीवन की गुणवत्ता को बेहतर बना सकता है और मानसिक स्वास्थ्य समस्याओं को नियंत्रित कर सकता है। यह एक निरंतर प्रक्रिया है, जो समय और प्रयास की मांग करती है, लेकिन इसके परिणामस्वरूप व्यक्ति एक संतुलित और सकारात्मक जीवन जीने में सक्षम हो सकता है।

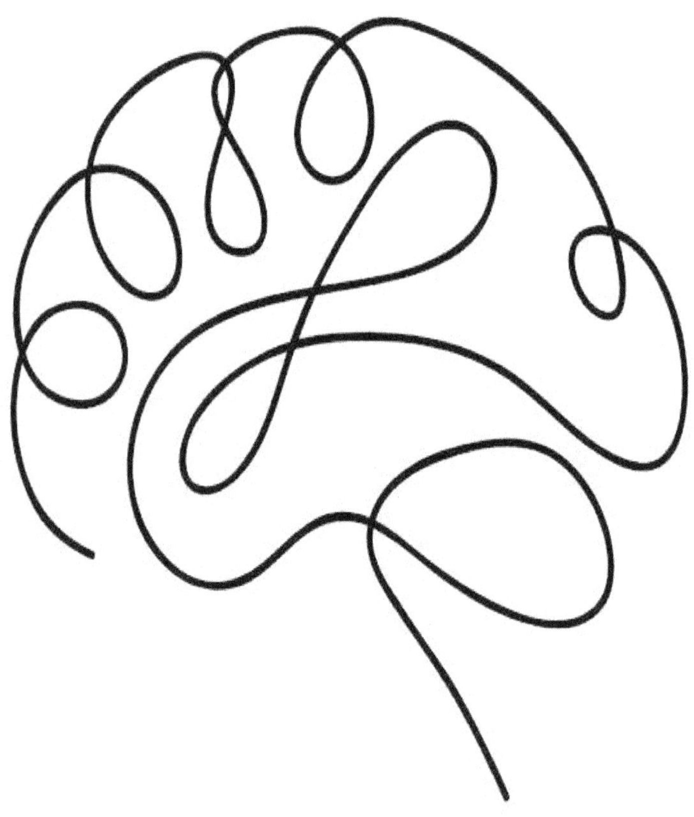

मनोवैज्ञानिक संकट

डिप्रेशन, जिसे अवसाद भी कहा जाता है, एक जटिल मानसिक स्वास्थ्य स्थिति है जो किसी व्यक्ति की भावनात्मक, मानसिक और शारीरिक स्थिति को प्रभावित कर सकती है। इसके पीछे कई कारण हो सकते हैं, जिनमें से एक महत्वपूर्ण कारण मनोवैज्ञानिक संकट है। मनोवैज्ञानिक संकट जिसे अक्सर मानसिक तनाव, भावनात्मक संकट या आंतरिक संघर्ष के रूप में समझा जाता है, व्यक्ति के मानसिक स्वास्थ्य को गंभीर रूप से प्रभावित कर सकता है और डिप्रेशन का प्रमुख कारण बन सकता है।

मनोवैज्ञानिक संकट तब उत्पन्न होता है जब व्यक्ति अपनी जीवन की परिस्थितियों या आंतरिक भावनाओं से निपटने में असमर्थ महसूस करता है। यह संकट किसी भी प्रकार की मानसिक या भावनात्मक चुनौती के रूप में प्रकट हो सकता है, जैसे कि व्यक्तिगत असफलताएं, गंभीर जीवन परिवर्तन, पारिवारिक विवाद या अत्यधिक तनाव। जब व्यक्ति इन चुनौतियों का सामना करता है और उन्हें हल करने में असमर्थ रहता है, तो यह मनोवैज्ञानिक संकट

को जन्म देता है। इस संकट के परिणामस्वरूप व्यक्ति की मानसिक स्थिति कमजोर हो सकती है, जिससे डिप्रेशन के लक्षण उत्पन्न हो सकते हैं।

मनोवैज्ञानिक संकट का एक प्रमुख कारण जीवन की महत्वपूर्ण घटनाएं और बदलाव हो सकते हैं। ये घटनाएं व्यक्ति के मानसिक स्वास्थ्य पर गहरा प्रभाव डाल सकती हैं। जैसे, किसी प्रियजन की मृत्यु, तलाक, नौकरी की हानि या गंभीर स्वास्थ्य समस्याएं व्यक्ति के लिए मानसिक रूप से अत्यधिक कठिन हो सकती हैं। इन घटनाओं से उत्पन्न होने वाला भावनात्मक तनाव व्यक्ति के मनोवैज्ञानिक संतुलन को बिगाड़ सकता है और डिप्रेशन को जन्म दे सकता है।

एक अन्य महत्वपूर्ण कारण आंतरिक संघर्ष होता है, जो व्यक्ति के खुद के विचारों और भावनाओं के बीच होती है। आंतरिक संघर्ष तब उत्पन्न होता है जब व्यक्ति अपनी आकांक्षाओं, मूल्यों और वास्तविकता के बीच संघर्ष करता है। जब व्यक्ति अपनी आंतरिक इच्छाओं और बाहरी परिस्थितियों के बीच सामंजस्य स्थापित नहीं कर पाता,

तो यह मानसिक तनाव और संकट को जन्म देता है। यह संकट लंबे समय तक बने रहने पर व्यक्ति को निराशाजनक और हताश महसूस करा सकता है, जिससे डिप्रेशन का खतरा बढ़ जाता है।

मनोवैज्ञानिक संकट की स्थिति में व्यक्ति के पास आत्म-संवेदन और आत्म-प्रेरणा की कमी हो सकती है। जब व्यक्ति अपने आप को असमर्थ या असफल महसूस करता है, तो उसकी आत्ममूल्यता की भावना कमजोर हो जाती है। इस स्थिति में व्यक्ति अपनी समस्याओं को हल करने के लिए प्रेरित नहीं हो पाता और एक नकारात्मक चक्र में फंस सकता है। यह स्थिति व्यक्ति को मानसिक रूप से थका देती है और डिप्रेशन की स्थिति को और बढ़ा सकती है।

मनोवैज्ञानिक संकट का सामना करने के लिए कई बार व्यक्ति के लिए मानसिक स्वास्थ्य पेशेवरों की सहायता प्राप्त करना आवश्यक होता है। मनोचिकित्सक, मनोवैज्ञानिक और काउंसलर व्यक्ति की समस्याओं का विश्लेषण कर सकते हैं और उन्हें समाधान के उपाय प्रदान

कर सकते हैं। मानसिक स्वास्थ्य पेशेवर व्यक्ति को उनके संकट से बाहर निकलने में मदद कर सकते हैं और उनके मानसिक स्वास्थ्य को बेहतर बनाने के लिए विभिन्न उपचार विधियाँ सुझा सकते हैं, जैसे कि Cognitive Behavioral Therapy (CBT), इंटरपर्सनल थेरेपी (IPT) और समर्थन समूह।

इसके अतिरिक्त व्यक्ति के जीवनशैली में कुछ सकारात्मक परिवर्तन भी महत्वपूर्ण हो सकते हैं। नियमित शारीरिक गतिविधि, संतुलित आहार और पर्याप्त नींद व्यक्ति के मानसिक स्वास्थ्य को बेहतर बनाने में सहायक हो सकते हैं। तनाव प्रबंधन के तकनीक, जैसे कि ध्यान, योग और विश्राम तकनीकें भी मनोवैज्ञानिक संकट को कम करने में सहायक हो सकती हैं।

मनोवैज्ञानिक संकट और डिप्रेशन के बीच संबंध को समझना महत्वपूर्ण है क्योंकि इससे व्यक्ति के जीवन की गुणवत्ता पर सीधा प्रभाव पड़ता है। संकट के प्रभावों को पहचानना और समय पर उचित सहायता प्राप्त करना डिप्रेशन के लक्षणों को नियंत्रित करने और मानसिक

स्वास्थ्य को बनाए रखने में सहायक हो सकता है। यह एक निरंतर प्रक्रिया है जो व्यक्ति के व्यक्तिगत प्रयासों और पेशेवर समर्थन के संयोजन से सफल हो सकती है। व्यक्ति की मानसिक स्थिति को सुधारने के लिए उसके जीवन के विभिन्न पहलुओं को समझना और उन्हें संपूर्ण रूप से संबोधित करना आवश्यक होता है।

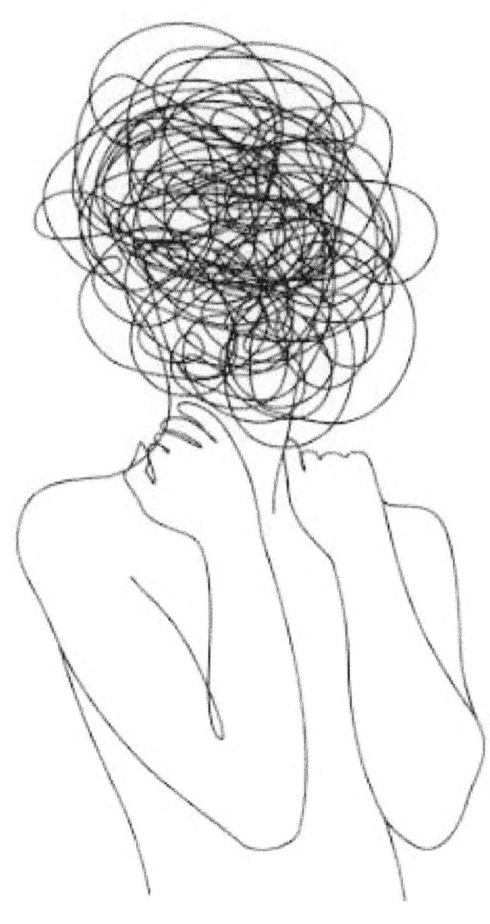

3 सामाजिक कारण

डिप्रेशन के सामाजिक कारणों में सामाजिक असंतुलन और असमानता महत्वपूर्ण भूमिका निभाते हैं। समाज में असमानता, चाहे वह आर्थिक हो या जातीय व्यक्ति के मानसिक स्वास्थ्य को प्रभावित कर सकती है। जब लोग आर्थिक तंगी या सामाजिक भेदभाव का सामना करते हैं, तो उनके आत्म-सम्मान में गिरावट आती है और उन्हें लगातार तनाव का सामना करना पड़ता है, जो डिप्रेशन का एक प्रमुख कारण बन सकता है।

सामाजिक समर्थन की कमी भी एक महत्वपूर्ण पहलू है। जब व्यक्ति अपने परिवेश में अकेला या असहाय महसूस करता है, तो वह सामाजिक जुड़ाव की कमी के कारण मानसिक रूप से कमजोर हो सकता है। परिवार या मित्रों से समर्थन की कमी व्यक्ति को सामाजिक अलगाव और निराशा की ओर धकेल सकती है, जिससे डिप्रेशन की स्थिति उत्पन्न हो सकती है। सामाजिक अपेक्षाओं और दबावों के कारण भी व्यक्ति मानसिक तनाव का सामना कर सकता है। सामाजिक मानदंडों और अपेक्षाओं का पालन करते हुए भी यदि व्यक्ति असफल महसूस करता है, तो

इससे उसकी आत्ममूल्यता पर असर पड़ता है और डिप्रेशन का खतरा बढ़ जाता है।

सामाजिक समर्थन की कमी

डिप्रेशन, एक मानसिक स्वास्थ्य स्थिति है जो व्यक्ति की भावनात्मक और मानसिक स्थिति को गहराई से प्रभावित कर सकती है। इसके पीछे कई कारण हो सकते हैं, जिनमें से एक प्रमुख कारण सामाजिक समर्थन की कमी है। सामाजिक समर्थन का अभाव व्यक्ति की मानसिक स्थिति को अत्यधिक प्रभावित कर सकता है और यह डिप्रेशन का एक महत्वपूर्ण कारण बन सकता है।

सामाजिक समर्थन से तात्पर्य है कि व्यक्ति के पास ऐसे लोग हों जो उसकी भावनात्मक और मानसिक जरूरतों को समझते हैं और उसका साथ देते हैं। यह समर्थन परिवार, मित्रों, समुदाय या अन्य सामाजिक नेटवर्क के माध्यम से प्राप्त किया जा सकता है। जब यह समर्थन

उपलब्ध नहीं होता, तो व्यक्ति अकेलेपन, निराशा और सामाजिक अलगाव का सामना कर सकता है, जो डिप्रेशन को जन्म दे सकता है।

सामाजिक समर्थन की कमी का एक प्रमुख प्रभाव यह होता है कि व्यक्ति खुद को असहाय और अकेला महसूस करता है। जब किसी व्यक्ति के पास अपनी भावनाओं और समस्याओं को साझा करने के लिए कोई न हो, तो वह समस्याओं का सामना अकेले करता है, जिससे उसका मानसिक तनाव बढ़ जाता है। यह अकेलापन व्यक्ति की मानसिक स्थिति को कमजोर कर सकता है और उसे निराशा और हताशा की ओर धकेल सकता है।

इसके अलावा सामाजिक समर्थन की कमी का अर्थ है कि व्यक्ति के पास समस्याओं का समाधान ढूंढने के लिए कोई मार्गदर्शन या सलाह नहीं होती। जब व्यक्ति अपनी समस्याओं को अकेले हल करने की कोशिश करता है और इसमें सफल नहीं होता, तो उसे खुद को दोषी मानने की प्रवृत्ति होती है। यह आत्म-आलोचना और आत्म

मूल्यता की भावना को प्रभावित करता है, जो डिप्रेशन के लक्षणों को बढ़ा सकता है।

सामाजिक समर्थन की कमी के कारण व्यक्ति की जीवनशैली पर भी नकारात्मक प्रभाव पड़ सकता है। सामाजिक रूप से असंबद्ध व्यक्ति अक्सर सामाजिक गतिविधियों और इंटरैक्शन से बचने लगता है, जो उसके मानसिक स्वास्थ्य को और प्रभावित कर सकता है। जब व्यक्ति सामाजिक गतिविधियों से दूर रहता है, तो यह उसे और अधिक अकेला और निराश बना सकता है, जिससे डिप्रेशन की स्थिति को और बढ़ावा मिलता है।

सामाजिक समर्थन की कमी का एक और पहलू यह है कि इससे व्यक्ति की आत्म-संवेदनशीलता और आत्म-संवर्धन की भावना में कमी आती है। जब व्यक्ति को अपने आस-पास के लोगों से सकारात्मक प्रतिक्रियाएँ और समर्थन नहीं मिलता, तो उसकी आत्म-मूल्यता की भावना कमजोर हो जाती है। यह मानसिक स्वास्थ्य को प्रभावित करने के साथ-साथ व्यक्ति को आत्म-संवेदनशील और अवसादित बना सकता है।

समाज में विविध कारणों से सामाजिक समर्थन की कमी हो सकती है। किसी के पास परिवार या मित्रों की कमी हो सकती है या समाज में उनके लिए कोई सामाजिक नेटवर्क नहीं हो सकता। कभी-कभी व्यक्ति स्वयं भी अपने सामाजिक समर्थन के स्रोतों से दूरी बना लेता है, जैसे कि आत्म-परायगी या सामाजिक डर के कारण। इस प्रकार के मनोवैज्ञानिक अवरोध व्यक्ति को अपनी समस्याओं को साझा करने और समाधान खोजने में असमर्थ बना सकते हैं, जिससे डिप्रेशन का खतरा बढ़ जाता है।

इसलिए सामाजिक समर्थन की कमी पर ध्यान देना मानसिक स्वास्थ्य के लिए अत्यंत महत्वपूर्ण है। लोगों को उनकी भावनात्मक और मानसिक जरूरतों को पूरा करने के लिए एक मजबूत सामाजिक नेटवर्क विकसित करने की आवश्यकता होती है। परिवार, मित्र और समुदाय का समर्थन व्यक्ति की मानसिक स्थिति को मजबूत कर सकता है और डिप्रेशन के लक्षणों को नियंत्रित करने में मदद कर सकता है। जब व्यक्ति के पास सामाजिक समर्थन होता है, तो वह अपनी समस्याओं को साझा कर सकता है और उनकी समाधान खोजने के लिए प्रोत्साहित महसूस करता है, जिससे उसकी मानसिक स्थिति में सुधार होता है और डिप्रेशन की संभावना कम होती है।

आर्थिक समस्याएं

डिप्रेशन, एक मानसिक स्वास्थ्य समस्या है जो व्यक्ति की भावनात्मक और मानसिक स्थिति को गंभीर रूप से प्रभावित कर सकती है। इसके विभिन्न कारण हो सकते हैं, जिनमें से एक महत्वपूर्ण कारण आर्थिक समस्याएं हैं। आर्थिक समस्याएं व्यक्ति की मानसिक स्थिति को गहराई से प्रभावित कर सकती हैं और डिप्रेशन के जोखिम को बढ़ा सकती हैं।

आर्थिक समस्याओं का सामना करने वाले व्यक्ति हमेशा अत्यधिक तनाव और चिंता का अनुभव करते हैं। जब कभी व्यक्ति की आय में कमी होती है या उसकी आर्थिक स्थिति अस्थिर हो जाती है, तो उसे जीवन की बुनियादी आवश्यकताओं को पूरा करने में कठिनाई हो सकती है। यह वित्तीय अनिश्चितता और तनाव व्यक्ति के मानसिक स्वास्थ्य पर प्रतिकूल प्रभाव डालता है। आर्थिक संकट के कारण व्यक्ति खुद को असमर्थ और निराश महसूस कर सकता है, जिससे डिप्रेशन के लक्षण उत्पन्न हो सकते हैं।

आर्थिक समस्याओं के चलते व्यक्ति की आत्ममूल्यता पर भी प्रभाव पड़ सकता है। जब व्यक्ति वित्तीय समस्याओं का सामना करता है, तो उसे लगता है कि वह अपने परिवार या समाज के प्रति अपनी जिम्मेदारियों को पूरा नहीं कर पा रहा है। यह आत्म-आलोचना और आत्ममूल्यता की भावना को कमजोर करता है। व्यक्ति खुद को असफल और दोषी महसूस कर सकता है, जो डिप्रेशन के प्रमुख कारणों में से एक है।

आर्थिक समस्याओं के कारण व्यक्ति के पास मानसिक विश्राम और सुकून की कमी हो सकती है। जब आर्थिक समस्याएं लगातार उत्पन्न होती हैं, तो व्यक्ति का ध्यान और ऊर्जा इन समस्याओं को हल करने में लग जाता है। इस प्रकार व्यक्ति को मानसिक रूप से आराम करने और खुद की देखभाल करने का समय नहीं मिलता। लगातार तनाव और चिंता के कारण व्यक्ति का मानसिक स्वास्थ्य प्रभावित होता है और डिप्रेशन की स्थिति उत्पन्न हो सकती है। आर्थिक समस्याओं का असर सामाजिक जीवन पर भी पड़ता है। वित्तीय संकट के कारण व्यक्ति अक्सर सामाजिक गतिविधियों और सामाजिक संपर्क से बचने लगता है, क्योंकि वह खर्च को नियंत्रित करने की कोशिश करता है। सामाजिक संपर्क की कमी और

अकेलापन व्यक्ति के मानसिक स्वास्थ्य को और भी प्रभावित कर सकता है। जब व्यक्ति सामाजिक समर्थन की कमी का सामना करता है, तो वह डिप्रेशन की स्थिति में जा सकता है।

आर्थिक समस्याएं पारिवारिक और व्यक्तिगत संबंधों को भी प्रभावित कर सकती हैं। वित्तीय समस्याओं के चलते पारिवारिक विवाद और तनाव उत्पन्न हो सकते हैं। यह पारिवारिक तनाव व्यक्ति के मानसिक स्वास्थ्य को प्रभावित करता है और डिप्रेशन को जन्म दे सकता है। आर्थिक समस्याएं व्यक्तिगत संबंधों में भी तनाव उत्पन्न कर सकती हैं, जिससे व्यक्ति की मानसिक स्थिति कमजोर हो जाती है।

आर्थिक समस्याओं का समाधान ढूंढना महत्वपूर्ण है, लेकिन जब यह समस्या गंभीर हो जाती है, तो मानसिक स्वास्थ्य की देखभाल भी आवश्यक होती है। मानसिक स्वास्थ्य पेशेवरों की मदद से व्यक्ति अपने वित्तीय तनाव और चिंता को नियंत्रित कर सकता है। मनोचिकित्सक और काउंसलर व्यक्ति को तनाव प्रबंधन की तकनीकें और

सलाह प्रदान कर सकते हैं, जो उनके मानसिक स्वास्थ्य को बेहतर बनाने में सहायक हो सकती हैं।

इसके अतिरिक्त आर्थिक योजनाएं और बजट प्रबंधन भी व्यक्ति की वित्तीय स्थिति को सुधारने में मदद कर सकते हैं। सही वित्तीय प्रबंधन से व्यक्ति को आर्थिक स्थिरता प्राप्त हो सकती है, जो मानसिक तनाव को कम कर सकती है और डिप्रेशन के लक्षणों को नियंत्रित कर सकती है।

इस प्रकार आर्थिक समस्याएं डिप्रेशन के प्रमुख कारणों में से एक हैं और इन्हें समझना और संबोधित करना महत्वपूर्ण है। जब व्यक्ति अपनी आर्थिक समस्याओं को हल करने की कोशिश करता है और मानसिक स्वास्थ्य की देखभाल करता है, तो वह बेहतर मानसिक स्थिति प्राप्त कर सकता है और डिप्रेशन के जोखिम को कम कर सकता है। आर्थिक समस्याओं को हल करने के साथ-साथ एक सशक्त मानसिक स्वास्थ्य दृष्टिकोण अपनाना व्यक्ति को एक संतुलित और सकारात्मक जीवन जीने में सहायता कर सकता है।

समाज में भेदभाव और असमानता

डिप्रेशन के अनेक कारण हो सकते हैं, जिनमें समाज में भेदभाव और असमानता एक प्रमुख कारण है। भेदभाव और असमानता का सामना करने वाले व्यक्ति अक्सर मानसिक और भावनात्मक संकट का अनुभव करते हैं, जो डिप्रेशन की स्थिति को जन्म दे सकता है।

भेदभाव का तात्पर्य समाज में विभिन्न वर्गों के बीच भेदभावपूर्ण व्यवहार से है। यह भेदभाव जाति, लिंग, धर्म या आर्थिक स्थिति के आधार पर हो सकता है। जब व्यक्ति को समाज में उसके जाति, लिंग या आर्थिक पृष्ठभूमि के आधार पर असमानता का सामना करना पड़ता है, तो यह उसकी आत्ममूल्यता और आत्म-सम्मान को प्रभावित कर सकता है।

निरंतर भेदभाव और असमानता के कारण व्यक्ति में आत्म-हीनता और निराशा का भाव उत्पन्न हो सकता

है, जो डिप्रेशन का कारण बन सकता है। असमानता का प्रभाव व्यक्ति की मानसिक स्थिति पर भी पड़ता है। जब लोग समाज में समान अवसर और संसाधनों से वंचित रह जाते हैं, तो उनकी आत्म-समर्पण की भावना कमजोर हो जाती है। यह असमानता उनकी मानसिक भलाई को प्रभावित करती है और उन्हें सामाजिक रूप से अलग-थलग महसूस करवा सकती है।

यह स्थिति डिप्रेशन के लक्षणों को बढ़ा सकती है, क्योंकि व्यक्ति खुद को समाज के मानकों से मेल नहीं खाता और उसे अपनी स्थिति को सुधारने में असमर्थता का अनुभव होता है। भेदभाव और असमानता के कारण व्यक्ति के मानसिक स्वास्थ्य को बढ़ावा देने वाले सामाजिक समर्थन की कमी हो जाती है।

जब व्यक्ति समाज में भेदभाव का सामना करता है, तो उसे आवश्यक सामाजिक समर्थन और मान्यता नहीं मिलती। इस प्रकार की सामाजिक असमानता व्यक्ति को मानसिक रूप से अकेला और असहाय बना सकती है, जो डिप्रेशन का एक प्रमुख कारण बनती है।

समाज में भेदभाव और असमानता की स्थिति को समझना और इसे समाप्त करने के लिए कदम उठाना मानसिक स्वास्थ्य के दृष्टिकोण से महत्वपूर्ण है। समानता और न्याय की दिशा में प्रयास करके और समाज में समावेशिता को बढ़ावा देकर हम डिप्रेशन के खतरे को कम कर सकते हैं और एक मानसिक रूप से स्वस्थ समाज की दिशा में अग्रसर हो सकते हैं।

4 जीवनशैली के कारण

जीवनशैली के कारण डिप्रेशन एक गंभीर मुद्दा हो सकता है, जो व्यक्ति की मानसिक और भावनात्मक स्थिति को गहराई से प्रभावित करता है। एक अस्वास्थ्यकर जीवनशैली, जैसे कि अपर्याप्त नींद, असंतुलित आहार और शारीरिक गतिविधि की कमी मानसिक स्वास्थ्य को प्रतिकूल रूप से प्रभावित कर सकती है।

नियमित नींद की कमी और खराब नींद की गुणवत्ता व्यक्ति की मानसिक स्थिति को कमजोर कर सकती है, जिससे तनाव और चिंता के लक्षण बढ़ सकते हैं। इसके अलावा असंतुलित आहार जिसमें पोषक तत्वों की कमी होती है, मस्तिष्क के रसायनों को प्रभावित कर सकता है और डिप्रेशन को जन्म दे सकता है।

शारीरिक गतिविधि की कमी भी मानसिक स्वास्थ्य पर नकारात्मक प्रभाव डालती है। नियमित व्यायाम न

केवल शारीरिक स्वास्थ्य को बनाए रखता है बल्कि मानसिक स्थिति को भी सुधारता है। आधुनिक जीवनशैली के तनाव और दबाव, जैसे कि लंबा कामकाजी समय और व्यक्तिगत जीवन में असंतुलन भी डिप्रेशन को जन्म दे सकते हैं। जब व्यक्ति इन जीवनशैली से संबंधित समस्याओं का समाधान नहीं कर पाता, तो उसे मानसिक संकट और अवसाद का सामना करना पड़ सकता है। इस प्रकार एक स्वस्थ जीवनशैली अपनाकर जैसे कि नियमित नींद, संतुलित आहार और व्यायाम मानसिक स्वास्थ्य में सुधार किया जा सकता है और डिप्रेशन के जोखिम को कम किया जा सकता है।

स्वास्थ्य की स्थिति

डिप्रेशन, एक गंभीर मानसिक स्वास्थ्य स्थिति है, जिसका मुख्य कारण अक्सर व्यक्ति की स्वास्थ्य की स्थिति होती है। शारीरिक स्वास्थ्य की समस्याएं व्यक्ति की मानसिक स्थिति को गहराई से प्रभावित कर सकती हैं, जिससे डिप्रेशन का जोखिम बढ़ सकता है। जब व्यक्ति किसी गंभीर या दीर्घकालिक शारीरिक बीमारी का सामना करता है, जैसे कि हृदय रोग, मधुमेह या कैंसर, तो यह

मानसिक स्वास्थ्य पर महत्वपूर्ण प्रभाव डाल सकता है। इन बीमारियों के कारण होने वाला दर्द, असुविधा और शारीरिक अक्षमता व्यक्ति को मानसिक रूप से तनावग्रस्त बना सकती है। लंबे समय तक शारीरिक कष्ट झेलने से व्यक्ति की आत्ममूल्यता पर नकारात्मक प्रभाव पड़ता है और वह निराशाजनक और हताश महसूस कर सकता है।

इसके अतिरिक्त किसी गंभीर बीमारी की वजह से जीवन की गुणवत्ता में कमी आ सकती है। जब व्यक्ति अपनी रोजमर्रा की गतिविधियों को ठीक से नहीं कर पाता या सामाजिक जीवन में भाग नहीं ले सकता, तो वह अकेलापन और अलगाव का अनुभव कर सकता है। यह सामाजिक अलगाव और असामाजिकता डिप्रेशन के लक्षणों को बढ़ा सकती है।

कभी-कभी स्वास्थ्य की स्थिति के कारण व्यक्ति को दी जाने वाली दवाओं के साइड इफेक्ट्स भी मानसिक स्वास्थ्य को प्रभावित कर सकते हैं। कुछ दवाएं, विशेषकर उन दवाओं के जो शारीरिक दर्द और रोगों के इलाज के लिए उपयोग की जाती हैं, मानसिक स्वास्थ्य पर

नकारात्मक प्रभाव डाल सकती हैं और डिप्रेशन के लक्षण उत्पन्न कर सकती हैं। स्वास्थ्य की समस्याओं का सामना करने वाले व्यक्ति के मानसिक स्वास्थ्य का ध्यान रखना अत्यंत महत्वपूर्ण है। ऐसे लोगों के लिए उपयुक्त चिकित्सा देखभाल, मानसिक स्वास्थ्य समर्थन और एक समग्र उपचार योजना जो शारीरिक और मानसिक दोनों पहलुओं को संबोधित करती है, डिप्रेशन को नियंत्रित करने और उनकी जीवन गुणवत्ता को सुधारने में सहायक हो सकती है। उचित उपचार और समर्थन से व्यक्ति अपने शारीरिक स्वास्थ्य की समस्याओं के साथ-साथ मानसिक स्वास्थ्य को भी बेहतर बना सकता है।

व्यसन और नशा

डिप्रेशन और व्यसन दोनों एक दूसरे से गहराई से जुड़े हुए हैं और व्यसन और नशे का सेवन डिप्रेशन का एक प्रमुख कारण हो सकता है। व्यसन से तात्पर्य है उन पदार्थों या गतिविधियों के प्रति अत्यधिक निर्भरता जो व्यक्ति के मानसिक और शारीरिक स्वास्थ्य को गंभीर रूप से प्रभावित कर सकती हैं। नशे की लत चाहे वह शराब,

ड्रग्स या किसी अन्य नशे के पदार्थ का हो डिप्रेशन को जन्म देने में महत्वपूर्ण भूमिका निभा सकती है।

जब व्यक्ति नशे की लत में पड़ता है, तो उसकी जीवनशैली और मानसिक स्थिति में बड़े बदलाव आते हैं। नशे के पदार्थ, विशेषकर ड्रग्स और शराब मस्तिष्क के रसायनों को प्रभावित करते हैं और तात्कालिक खुशी या राहत का अनुभव कराते हैं। हालांकि इन पदार्थों का लंबे समय तक उपयोग करने से मस्तिष्क की प्राकृतिक रसायन संतुलन में गड़बड़ी हो सकती है, जो मानसिक स्वास्थ्य समस्याओं को जन्म दे सकती है। नशे की आदतें अक्सर व्यक्ति के आत्म-सम्मान और आत्म-मूल्यता को प्रभावित करती हैं, जिससे वह निराश और हताश महसूस कर सकता है और यह डिप्रेशन के लक्षणों को बढ़ा सकता है।

नशे के पदार्थों के सेवन से जुड़ी शारीरिक स्वास्थ्य समस्याएं भी मानसिक स्वास्थ्य पर प्रतिकूल प्रभाव डाल सकती हैं। लंबे समय तक नशे की आदतें हृदय रोग, यकृत क्षति और अन्य स्वास्थ्य समस्याओं का कारण बन सकती हैं, जिससे व्यक्ति शारीरिक दर्द और अस्वस्थता का सामना

करता है। इन समस्याओं से उत्पन्न होने वाली निरंतर चिंता और तनाव डिप्रेशन के लक्षणों को बढ़ा सकते हैं।

व्यसन और नशे की आदतें व्यक्ति के सामाजिक जीवन को भी प्रभावित कर सकती हैं। नशे की लत के कारण व्यक्ति अक्सर परिवार और मित्रों से अलग हो जाता है और सामाजिक गतिविधियों में भाग नहीं ले पाता। सामाजिक अलगाव और समर्थन की कमी व्यक्ति को मानसिक रूप से अकेला और असहाय बना सकती है, जो डिप्रेशन का एक प्रमुख कारण हो सकता है।

इस प्रकार नशे की आदतें और व्यसन व्यक्ति के मानसिक स्वास्थ्य को गंभीर रूप से प्रभावित कर सकती हैं। यह आवश्यक है कि व्यक्ति को इन समस्याओं से निपटने के लिए पेशेवर सहायता प्राप्त हो, जैसे कि उपचारात्मक काउंसलिंग और चिकित्सा सहायता। नशे की लत को नियंत्रित करने और उसके कारण उत्पन्न होने वाले डिप्रेशन का इलाज करने के लिए एक समग्र उपचार दृष्टिकोण अपनाना व्यक्ति की मानसिक स्थिति को सुधारने में सहायक हो सकता है। उचित समर्थन और

उपचार के माध्यम से व्यक्ति अपनी समस्याओं को प्रभावी ढंग से संभाल सकता है और एक स्वस्थ और संतुलित जीवन की ओर अग्रसर हो सकता है।

नियमित व्यायाम की कमी

डिप्रेशन, एक जटिल मानसिक स्वास्थ्य स्थिति है, जिसका प्रभाव व्यक्ति की भावनात्मक और मानसिक स्थिति पर गहरा पड़ता है। इसके कई कारण हो सकते हैं, जिनमें नियमित व्यायाम की कमी एक महत्वपूर्ण कारक है। शारीरिक गतिविधि और मानसिक स्वास्थ्य के बीच एक गहरा संबंध होता है और जब व्यक्ति नियमित व्यायाम की कमी का सामना करता है, तो इसका असर उसकी मानसिक स्थिति पर पड़ सकता है।

व्यायाम मानसिक स्वास्थ्य को कई तरीकों से प्रभावित करता है। सबसे पहले शारीरिक गतिविधि मस्तिष्क में विभिन्न रसायनों की सक्रियता को बढ़ाती है,

जैसे कि एंडोर्फिन और सेरोटोनिन। ये रसायन **"खुशी के हार्मोन"** के रूप में जाने जाते हैं और मनोदशा को बेहतर बनाने में महत्वपूर्ण भूमिका निभाते हैं। नियमित व्यायाम इन रसायनों के उत्पादन को बढ़ाता है, जिससे व्यक्ति को आनंद और सुकून का अनुभव होता है। जब व्यायाम की कमी होती है, तो इन रसायनों की कमी हो सकती है, जो डिप्रेशन के लक्षणों को जन्म दे सकती है।

दूसरे, व्यायाम तनाव को कम करने में भी सहायक होता है। जब व्यक्ति शारीरिक गतिविधियों में शामिल होता है, तो शरीर में तनाव हार्मोन, जैसे कि कोर्टिसोल का स्तर कम होता है। व्यायाम करने से व्यक्ति के शरीर और दिमाग को आराम मिलता है, जिससे मानसिक तनाव और चिंता में कमी आती है। इसके विपरीत जब व्यक्ति नियमित व्यायाम से वंचित रहता है, तो उसकी तनाव स्तर बढ़ सकता है जो डिप्रेशन के जोखिम को बढ़ाता है।

इसके अलावा व्यायाम आत्म-संवेदन और आत्म-मूल्यता को बढ़ाने में सहायक होता है। जब व्यक्ति नियमित रूप से व्यायाम करता है, तो वह अपनी फिटनेस

और शारीरिक क्षमता में सुधार महसूस करता है, जिससे उसकी आत्म-स्वीकृति और आत्म-मूल्यता की भावना मजबूत होती है। यह सकारात्मक आत्म-छवि डिप्रेशन से बचाव में सहायक हो सकती है। जब व्यायाम की कमी होती है, तो व्यक्ति में आत्म-संवेदन की कमी हो सकती है, जिससे उसकी मानसिक स्थिति प्रभावित हो सकती है।

नियमित व्यायाम की कमी का एक और प्रभाव यह होता है कि व्यक्ति के सामाजिक जीवन पर नकारात्मक प्रभाव पड़ सकता है। अक्सर व्यायाम सामाजिक गतिविधियों, जैसे कि जिम में समूह कक्षाओं या खेल की टीमों में शामिल होने के साथ जुड़ा होता है। इन सामाजिक इंटरैक्शन के माध्यम से व्यक्ति को समर्थन और प्रोत्साहन प्राप्त होता है। जब व्यायाम की कमी होती है, तो सामाजिक संपर्क और समर्थन की कमी हो सकती है, जो डिप्रेशन को बढ़ा सकती है।

आखिरकार व्यायाम नींद की गुणवत्ता को भी प्रभावित करता है। नियमित शारीरिक गतिविधि नींद के पैटर्न को सुधारने में मदद करती है, जिससे व्यक्ति को बेहतर और

अधिक सुकून भरी नींद मिलती है। अच्छी नींद मानसिक स्वास्थ्य के लिए महत्वपूर्ण है और नींद की कमी डिप्रेशन के लक्षणों को बढ़ा सकती है। जब व्यक्ति नियमित व्यायाम से वंचित रहता है, तो नींद की गुणवत्ता प्रभावित हो सकती है, जिससे डिप्रेशन की स्थिति को और बढ़ावा मिल सकता है।

इस प्रकार नियमित व्यायाम की कमी डिप्रेशन का एक प्रमुख कारण हो सकती है। शारीरिक गतिविधि के माध्यम से मानसिक स्वास्थ्य को बेहतर बनाने के लिए व्यक्ति को अपने जीवन में नियमित व्यायाम को शामिल करना चाहिए। यह मानसिक स्थिति को सुधारने, तनाव को कम करने, आत्म-संवेदन को बढ़ाने और सामाजिक संपर्क को मजबूत करने में सहायक हो सकता है। एक सक्रिय और स्वस्थ जीवनशैली अपनाकर व्यक्ति अपनी मानसिक भलाई को बनाए रख सकता है और डिप्रेशन के जोखिम को कम कर सकता है।

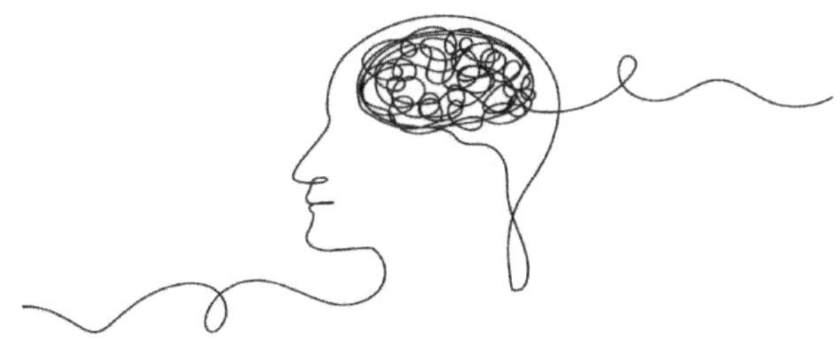

डिप्रेशन का निवारण

डिप्रेशन का निवारण व्यक्तिगत और पेशेवर सहायता का संयोजन है। पेशेवर मदद जैसे कि मनोचिकित्सा (CBT) और दवाइयाँ प्रभावी हो सकती हैं। आत्म-देखभाल, जैसे नियमित व्यायाम, संतुलित आहार और पर्याप्त नींद भी महत्वपूर्ण हैं। ध्यान और योग जैसी विश्राम तकनीकें मानसिक शांति प्रदान कर सकती हैं। परिवार और दोस्तों का समर्थन, सृजनात्मक गतिविधियाँ और छोटे-छोटे लक्ष्य तय करना भी सहायक हो सकते हैं। यदि आप या आपका कोई करीबी डिप्रेशन का सामना कर रहा है, तो पेशेवर सलाह लेना न भूलें। उपचार संभव है और मदद उपलब्ध है। डिप्रेशन के निवारण को विस्तार से समझतें हैं।

पेशेवर मदद प्राप्त करें

डिप्रेशन, एक गंभीर मानसिक स्वास्थ्य समस्या है, जो जीवन की गुणवत्ता को गंभीर रूप से प्रभावित कर सकती है। इसका प्रभाव शारीरिक और मानसिक दोनों ही स्तरों पर महसूस किया जा सकता है। डिप्रेशन के प्रभावी

निवारण के लिए पेशेवर मदद प्राप्त करना अत्यंत महत्वपूर्ण होता है। मानसिक स्वास्थ्य पेशेवर जैसे मनोचिकित्सक या मनोवैज्ञानिक इस स्थिति को समझने और उसका इलाज करने में विशेषज्ञ होते हैं। वे न केवल डिप्रेशन के लक्षणों का सही निदान कर सकते हैं, बल्कि इसके लिए उपयुक्त उपचार योजना भी तैयार करते हैं।

मनोचिकित्सक अक्सर विभिन्न प्रकार की थेरैपीज़ का उपयोग करते हैं, जिनमें **कॉग्निटिव बिहेवियरल थेरैपी (CBT)** सबसे प्रमुख है। यह थेरैपी व्यक्ति की नकारात्मक सोचों और व्यवहारों को चुनौती देती है और उन्हें सकारात्मक दृष्टिकोण अपनाने के लिए प्रोत्साहित करती है। इसके अलावा दवाइयाँ भी डिप्रेशन के इलाज में सहायक हो सकती हैं। **एंटीडिप्रेसेंट्स** जैसे कि एसएसआरआई और एसएनआरआई मस्तिष्क के रसायनों को संतुलित करने में मदद करती हैं, जो डिप्रेशन के लक्षणों को कम करने में प्रभावी होती हैं।

पेशेवर मदद प्राप्त करने से व्यक्ति को एक सुरक्षित और समझदारी भरा वातावरण मिलता है, जहाँ वे अपनी

भावनाओं और चिंताओं को स्वतंत्रता से व्यक्त कर सकते हैं। यह मानसिक समर्थन और सही दिशा-निर्देशन प्रदान करता है, जिससे व्यक्ति अपने उपचार की प्रक्रिया को बेहतर ढंग से समझ और पालन कर सकता है। इस प्रकार पेशेवर मदद डिप्रेशन के निवारण में एक महत्वपूर्ण और प्रभावी कदम होती है, जो दीर्घकालिक मानसिक स्वास्थ्य और संतुलन को सुनिश्चित करने में सहायक होती है।

दवा और डॉक्टर

डिप्रेशन के निवारण में दवा और डॉक्टर की भूमिका अत्यंत महत्वपूर्ण होती है। जब डिप्रेशन एक गंभीर मानसिक स्वास्थ्य समस्या बन जाता है, तो पेशेवर चिकित्सा सहायता प्राप्त करना अत्यावश्यक हो जाता है। डॉक्टर, विशेषकर मनोचिकित्सक डिप्रेशन के लक्षणों की पहचान करने और उसके लिए उपयुक्त उपचार योजना बनाने में विशेषज्ञ होते हैं। डिप्रेशन के इलाज के लिए दवा एक महत्वपूर्ण साधन होती है, जो मस्तिष्क के रसायनों के असंतुलन को सुधारने में मदद करती है। एंटीडिप्रेसेंट्स, जैसे कि सिलेक्टिव सेरोटोनिन रीपटेक इनहिबिटर्स (SSRIs) और सेरोटोनिन-नॉरपाइनफ्रिन रीपटेक इनहिबिटर्स

(SNRIs) आमतौर पर डिप्रेशन के इलाज के लिए उपयोग की जाती हैं। ये दवाएँ सेरोटोनिन और नॉरपाइनफ्रिन जैसे रसायनों के स्तर को संतुलित करती हैं, जो मूड को स्थिर करने में सहायक होती हैं।

हालांकि दवा का प्रभावी उपयोग डॉक्टर की निगरानी के बिना संभव नहीं होता। मनोचिकित्सक दवाओं की सही खुराक निर्धारित करने उनके प्रभाव और संभावित दुष्प्रभावों की निगरानी करने में माहिर होते हैं। वे नियमित रूप से मरीज की प्रगति की समीक्षा करते हैं और यदि आवश्यक हो तो दवा में समायोजन करते हैं। इसके अतिरिक्त डॉक्टर मरीज को डिप्रेशन के इलाज में सहायता के लिए मनोचिकित्सा (थेरेपी) जैसे वैकल्पिक उपचारों की सलाह भी दे सकते हैं।

डॉक्टर के साथ परामर्श के दौरान व्यक्ति अपनी भावनाओं और दवा के प्रभाव को खुलकर व्यक्त कर सकता है। यह संवाद डॉक्टर को उपचार की दिशा को बेहतर बनाने में मदद करता है और यह सुनिश्चित करता है कि दवा और अन्य उपचार प्रभावी रूप से काम कर रहे हैं।

इस प्रकार दवा और डॉक्टर का संयोजन डिप्रेशन के निवारण में एक अत्यधिक महत्वपूर्ण और प्रभावी उपाय होता है, जो मानसिक स्वास्थ्य को सुधारने में महत्वपूर्ण भूमिका निभाता है।

मनोचिकित्सा (थैरैपी)

डिप्रेशन के निवारण में मनोचिकित्सा, जिसे थैरैपी भी कहा जाता है, एक महत्वपूर्ण और प्रभावी तरीका है। यह चिकित्सा विधि व्यक्ति की मानसिक स्थिति को समझने और सुधारने में सहायता करती है। मनोचिकित्सा का उद्देश्य व्यक्ति की नकारात्मक सोच और व्यवहारों को पहचानना और उन्हें सकारात्मक दिशा में बदलना होता है। सबसे प्रचलित थैरैपी विधियों में से एक कॉग्निटिव बिहेवियरल थैरैपी (CBT) है, जो डिप्रेशन के इलाज में विशेष रूप से प्रभावी मानी जाती है। CBT में व्यक्ति को उसकी नकारात्मक सोच और अस्वस्थ व्यवहार पैटर्न को पहचानने और चुनौती देने के लिए प्रशिक्षित किया जाता है। थैरैपिस्ट व्यक्ति की सोच में सुधार लाने के लिए विशिष्ट तकनीकें और उपकरण प्रदान करते हैं, जिससे उनकी भावनात्मक स्थिति में सुधार होता है।

यह प्रक्रिया व्यक्ति को अपने विचारों को सकारात्मक रूप में बदलने और समस्या को सुलझाने के नए तरीके सीखने में मदद करती है। मनोचिकित्सा का एक अन्य लाभ यह है कि यह व्यक्ति को एक सुरक्षित और सहायक वातावरण प्रदान करती है, जहाँ वे अपनी भावनाओं और चिंताओं को बिना किसी डर या आत्म-संकोच के व्यक्त कर सकते हैं।

थैरैपी सत्रों के दौरान व्यक्ति को भावनात्मक समर्थन प्राप्त होता है और वे अपनी समस्याओं को समझने और उनका सामना करने के लिए रणनीतियाँ विकसित कर सकते हैं।

इसके अलावा मनोचिकित्सा व्यक्ति को आत्म-जागरूकता और आत्म-स्वीकृति की दिशा में मार्गदर्शन करती है। यह मानसिक स्वास्थ्य में सुधार लाने के लिए एक संरचित दृष्टिकोण प्रदान करती है, जो दीर्घकालिक राहत और स्थिरता का आश्वासन देती है। इस प्रकार थैरैपी डिप्रेशन के निवारण में एक महत्वपूर्ण और सहायक उपाय

होती है, जो मानसिक स्थिति को सुधारने में महत्वपूर्ण भूमिका निभाती है।

स्वयं की देखभाल

डिप्रेशन के निवारण में स्वयं की देखभाल एक महत्वपूर्ण भूमिका निभाती है, क्योंकि यह व्यक्ति की मानसिक और शारीरिक स्थिति को सुधारने में सहायक हो सकती है। जब कोई व्यक्ति डिप्रेशन का सामना कर रहा होता है, तो स्वयं की देखभाल उसे मानसिक और भावनात्मक रूप से सशक्त बनाने का एक तरीका हो सकती है।

स्वयं की देखभाल के अंतर्गत नियमित व्यायाम एक महत्वपूर्ण तत्व होता है। शारीरिक गतिविधि न केवल शरीर को सक्रिय और स्वस्थ बनाती है, बल्कि यह मस्तिष्क में एंडोर्फिन और सेरोटोनिन जैसे रसायनों की उत्पत्ति को बढ़ावा देती है, जो मूड को बेहतर बनाने में मदद करते हैं।

इसके अलावा एक संतुलित आहार भी महत्वपूर्ण है। पौष्टिक खाद्य पदार्थ, जैसे फल, सब्जियाँ और साबुत अनाज शरीर को आवश्यक पोषक तत्व प्रदान करते हैं, जो मानसिक स्वास्थ्य को बनाए रखने में सहायक होते हैं।

पर्याप्त नींद भी डिप्रेशन के प्रबंधन में महत्वपूर्ण होती है। नींद की कमी अक्सर मूड स्विंग और मानसिक थकावट को बढ़ा सकती है, इसलिए एक नियमित और आरामदायक नींद की आदतें अपनाना आवश्यक हैं। इसके साथ ही ध्यान और योग जैसी विश्राम तकनीकें भी मानसिक शांति और तनाव कम करने में सहायक होती हैं।

समय-समय पर विश्राम और आत्म-देखभाल के लिए समय निकालना भी महत्वपूर्ण है। व्यक्ति को अपनी पसंदीदा गतिविधियों में शामिल होना चाहिए, जो उन्हें खुशी और संतोष का अनुभव करवा सकें। इन स्वयं देखभाल के उपायों के साथ-साथ यदि आवश्यक हो तो पेशेवर चिकित्सा सहायता प्राप्त करना भी लाभकारी हो सकता है। इस प्रकार स्वयं की देखभाल डिप्रेशन के निवारण में एक

महत्वपूर्ण साधन होती है, जो व्यक्ति की संपूर्ण भलाई को प्रोत्साहित करती है।

लक्ष्यों को छोटे हिस्सों में विभाजित करें

डिप्रेशन के निवारण में लक्ष्यों को छोटे-छोटे हिस्सों में विभाजित करना एक प्रभावी रणनीति है। जब कोई व्यक्ति डिप्रेशन का सामना कर रहा होता है, तो उसे जीवन की सामान्य गतिविधियाँ और दायित्व भारी और असंभव लग सकते हैं। इस स्थिति में बड़े लक्ष्यों को छोटे प्रबंधनीय हिस्सों में बाँटना मददगार हो सकता है।

छोटे लक्ष्यों को निर्धारित करने से व्यक्ति को मानसिक रूप से कम बोझ महसूस होता है और कार्य को पूरा करने का आत्मविश्वास बढ़ता है। उदाहरण के लिए यदि किसी को घर की साफ-सफाई करनी है, तो इसके बजाय पूरे घर को एक साथ करने के बजाय, छोटे-छोटे हिस्सों में विभाजित करना, जैसे कि एक दिन में केवल एक कमरे की सफाई करना प्रक्रिया को आसान बना देता है। इस तरह के छोटे लक्ष्य आसानी से प्राप्त किए जा सकते हैं और जब इन्हें पूरा किया जाता है, तो व्यक्ति को संतोष और उपलब्धि का अहसास होता है, जो मानसिक स्थिति को बेहतर बनाने में सहायक होता है।

छोटे लक्ष्यों की दिशा में कदम बढ़ाते समय यह महत्वपूर्ण है कि वे यथार्थवादी और सटीक हों। उदाहरण के लिए यदि एक व्यक्ति हर दिन बाहर जाने का लक्ष्य रखता है, तो शुरुआत में केवल दस मिनट बाहर जाने का लक्ष्य निर्धारित करना अधिक व्यावहारिक हो सकता है। यह धीरे-धीरे बढ़ाकर पूरे दिन में अधिक समय बाहर बिताने का लक्ष्य बनाया जा सकता है। इस प्रकार के छोटे लक्ष्य सफलता की संभावना को बढ़ाते हैं और आत्म-प्रेरणा को बनाए रखते हैं।

इसके अलावा छोटे लक्ष्यों को पूरा करने पर अपने आप को प्रोत्साहित करना भी आवश्यक है। यह प्रोत्साहन व्यक्ति को प्रेरित रखता है और डिप्रेशन से लड़ने की ऊर्जा प्रदान करता है। छोटे लक्ष्यों की प्राप्ति से आत्म-संवेदन और आत्म-सम्मान में सुधार होता है, जो डिप्रेशन की स्थिति को प्रबंधित करने में सहायक होता है।

लक्ष्यों को छोटे हिस्सों में विभाजित करने की रणनीति डिप्रेशन के प्रबंधन में एक प्रभावी उपकरण हो सकती है। यह व्यक्ति को चुनौतीपूर्ण कार्यों को अधिक

सहजता से करने में मदद करती है और धीरे-धीरे मानसिक स्थिति में सुधार लाने में सहायक होती है। इस प्रक्रिया के माध्यम से व्यक्ति को छोटे-छोटे सफलता के अनुभव मिलते हैं, जो संपूर्ण उपचार की दिशा में सकारात्मक कदम होते हैं।

सृजनात्मक गतिविधियाँ

डिप्रेशन के निवारण में सृजनात्मक गतिविधियाँ महत्वपूर्ण भूमिका निभा सकती हैं। जब कोई व्यक्ति डिप्रेशन का अनुभव करता है, तो उसकी भावनात्मक स्थिति और मानसिक स्वास्थ्य पर नकारात्मक प्रभाव पड़ता है। ऐसे में सृजनात्मक गतिविधियाँ मानसिक शांति और आत्म-संवेदन को बढ़ावा देने का एक प्रभावी तरीका हो सकती हैं।

सृजनात्मक गतिविधियाँ, जैसे कला, संगीत, लेखन और नृत्य व्यक्ति की भावनाओं को व्यक्त करने और उन्हें

समझने में मदद करती हैं। कला, जैसे चित्रकला या मूर्तिकला व्यक्ति को अपनी भावनाओं को दृश्य रूप में व्यक्त करने का अवसर देती है। इस प्रक्रिया के दौरान व्यक्ति अपने अंदर की भावनाओं और चिंताओं को बाहरी रूप में बदल सकता है, जिससे मानसिक राहत मिलती है।

संगीत भी डिप्रेशन के निवारण में सहायक हो सकता है। संगीत सुनना, गाना या किसी संगीत वाद्ययंत्र को बजाना भावनात्मक स्थिति को बेहतर बना सकता है। संगीत अक्सर मूड को सकारात्मक रूप में बदलने और तनाव को कम करने में प्रभावी होता है। संगीत के विभिन्न प्रकार के शैलियाँ और लयें व्यक्ति के मानसिक स्वास्थ्य को प्रबंधित करने में सहायक हो सकती हैं।

लेखन एक अन्य सृजनात्मक गतिविधि है जो डिप्रेशन के प्रबंधन में सहायक होती है। डायरी लेखन या कहानी लिखना व्यक्ति को अपनी भावनाओं को शब्दों में व्यक्त करने का मौका देता है। यह आत्म-अवलोकन और आत्म-स्वीकृति को बढ़ावा देने में मदद करता है। लिखने की प्रक्रिया के दौरान व्यक्ति अपनी चिंताओं और

समस्याओं को स्पष्ट रूप से देख सकता है, जिससे मानसिक स्थिति में सुधार होता है।

नृत्य और शारीरिक गतिविधियाँ भी सृजनात्मकता का हिस्सा हैं जो डिप्रेशन को कम करने में मदद करती हैं। नृत्य के माध्यम से व्यक्ति अपनी भावनाओं को व्यक्त कर सकता है और शारीरिक ऊर्जा को सकारात्मक रूप में बदल सकता है। यह न केवल मूड को बेहतर बनाता है बल्कि मानसिक और शारीरिक स्वास्थ्य को भी सुधारता है।

सृजनात्मक गतिविधियाँ व्यक्ति को नई और सकारात्मक ऊर्जा का स्रोत प्रदान करती हैं। ये गतिविधियाँ मानसिक स्वास्थ्य को सुधारने के लिए एक सुरक्षित और प्रोत्साहक वातावरण प्रदान करती हैं। जब व्यक्ति अपनी सृजनात्मकता को प्रकट करता है, तो वह अपनी भावनात्मक स्थिति में सुधार देख सकता है और डिप्रेशन के लक्षणों को नियंत्रित कर सकता है। इस प्रकार सृजनात्मक गतिविधियाँ डिप्रेशन के निवारण में एक

महत्वपूर्ण और प्रभावी उपाय होती हैं, जो मानसिक संतुलन और भावनात्मक स्वास्थ्य को बढ़ावा देती हैं।

जीवनशैली में सुधार

डिप्रेशन के निवारण में जीवनशैली में सुधार एक महत्वपूर्ण और प्रभावी उपाय हो सकता है। जब कोई व्यक्ति डिप्रेशन का सामना करता है, तो उसकी जीवनशैली पर ध्यान देना मानसिक और शारीरिक स्वास्थ्य दोनों को बेहतर बनाने में सहायक होता है। जीवनशैली में किए गए छोटे-छोटे बदलाव, जैसे आहार, व्यायाम, नींद और तनाव प्रबंधन डिप्रेशन के लक्षणों को कम करने में महत्वपूर्ण भूमिका निभा सकते हैं।

एक संतुलित और पौष्टिक आहार डिप्रेशन के निवारण में सहायक हो सकता है। विटामिन, मिनरल्स और अन्य पोषक तत्वों से भरपूर आहार, जैसे फल, सब्जियाँ, साबुत अनाज और प्रोटीन मस्तिष्क की स्वास्थ्य के लिए

आवश्यक होते हैं। ओमेगा-3 फैटी एसिड से भरपूर खाद्य पदार्थ, जैसे मछली और फ्लैक्ससीड मूड को बेहतर बनाने में सहायक हो सकते हैं। इसके अलावा अत्यधिक शर्करा और प्रसंस्कृत खाद्य पदार्थों से परहेज करने से भी मानसिक स्थिति में सुधार हो सकता है।

नियमित शारीरिक व्यायाम भी जीवनशैली में सुधार का एक महत्वपूर्ण हिस्सा है। व्यायाम के दौरान शरीर एंडोर्फिन्स और सेरोटोनिन जैसे रसायनों का निर्माण करता है, जो मूड को सकारात्मक रूप से प्रभावित करते हैं। नियमित रूप से चलना, तैरना, योग या कोई अन्य शारीरिक गतिविधि न केवल शारीरिक स्वास्थ्य को सुधारती है, बल्कि मानसिक स्थिति को भी बेहतर बनाती है।

पर्याप्त नींद भी डिप्रेशन के प्रबंधन में महत्वपूर्ण होती है। नींद की कमी अक्सर मूड स्विंग्स और थकावट का कारण बन सकती है। एक नियमित नींद शेड्यूल अपनाना और सोने से पहले एक आरामदायक वातावरण बनाना, जैसे कि स्क्रीन टाइम को कम करना और एक

शांतिपूर्ण सोने की आदतें अपनाना, नींद की गुणवत्ता को बेहतर बना सकते हैं।

तनाव प्रबंधन भी जीवनशैली में सुधार का एक महत्वपूर्ण पहलू है। ध्यान, योग और प्राणायाम जैसी विश्राम तकनीकें तनाव को कम करने में सहायक हो सकती हैं। इन तकनीकों के माध्यम से व्यक्ति अपनी मानसिक स्थिति को शांत और संतुलित रख सकता है, जो डिप्रेशन के लक्षणों को प्रबंधित करने में मदद करती हैं।

साथ ही सामाजिक संपर्क और भावनात्मक समर्थन भी जीवनशैली में सुधार का हिस्सा हैं। परिवार और दोस्तों से जुड़ाव, सामुदायिक गतिविधियों में भागीदारी और सकारात्मक सामाजिक संपर्क व्यक्ति के मानसिक स्वास्थ्य को बेहतर बना सकते हैं। इस प्रकार जीवनशैली में सुधार के माध्यम से डिप्रेशन के लक्षणों को नियंत्रित किया जा सकता है। आहार, व्यायाम, नींद और तनाव प्रबंधन के साथ-साथ सामाजिक और भावनात्मक समर्थन का ध्यान रखना मानसिक स्थिति में सुधार लाने में सहायक हो सकता है। जीवनशैली में किए गए ये परिवर्तन

दीर्घकालिक मानसिक और शारीरिक स्वास्थ्य के लिए महत्वपूर्ण होते हैं।

Depression और Suicide

डिप्रेशन और सुसाइड के बीच एक गंभीर और जटिल संबंध होता है, जिसे समझना और सही समय पर सहायता प्राप्त करना अत्यंत महत्वपूर्ण है। डिप्रेशन एक मानसिक स्वास्थ्य स्थिति है जो व्यक्ति की भावनात्मक, मानसिक और शारीरिक स्थिति को प्रभावित करती है। इसके लक्षणों में लगातार उदासी, निराशा, आत्म-संयम की कमी और जीवन के प्रति रुचि की कमी शामिल हो सकती है। जब डिप्रेशन गंभीर हो जाता है और ठीक से प्रबंधित नहीं किया जाता, तो यह व्यक्ति को आत्म-हानि की सोच और सुसाइडल विचारों की ओर ले जा सकता है।

सुसाइड या आत्महत्या, डिप्रेशन का एक संभावित और गंभीर परिणाम हो सकता है, विशेषकर जब व्यक्ति

को सही उपचार और समर्थन नहीं मिलता। आत्महत्या की प्रवृति उन लोगों में अधिक देखी जाती है जो गंभीर डिप्रेशन का सामना कर रहे होते हैं और जिनके पास मानसिक स्वास्थ्य संबंधी सहायता की कमी होती है। सुसाइडल विचार अक्सर तब उत्पन्न होते हैं जब व्यक्ति अपने दर्द और संकट से निपटने के लिए किसी समाधान की तलाश करता है और उसे किसी भी विकल्प की उम्मीद नहीं होती।

यदि किसी व्यक्ति में डिप्रेशन के लक्षण नजर आते हैं और वे सुसाइडल विचारों का अनुभव करते हैं, तो तुरंत पेशेवर चिकित्सा सहायता प्राप्त करना अत्यंत महत्वपूर्ण है। मानसिक स्वास्थ्य पेशेवर, जैसे मनोचिकित्सक और मनोवैज्ञानिक डिप्रेशन का सही निदान करने और प्रभावी उपचार योजना बनाने में सक्षम होते हैं।

उपचार में मनोचिकित्सा (जैसे कॉग्निटिव बिहेवियरल थैरेपी) और दवाइयाँ शामिल हो सकती हैं, जो व्यक्ति के मानसिक स्थिति को सुधारने में सहायक होती हैं। इसके अलावा सुसाइड की प्रवृति वाले व्यक्ति को

तत्काल समर्थन प्रदान करना भी महत्वपूर्ण है। परिवार और दोस्तों की सहायता, सहानुभूति और समझ बहुत महत्वपूर्ण होती है। व्यक्ति को सुनना, उसकी भावनाओं को समझना और उन्हें सही दिशा में मार्गदर्शन प्रदान करना उसकी स्थिति को बेहतर बनाने में सहायक हो सकता है।

सुसाइड प्रिवेंशन के लिए संकट के समय में आत्महत्या से संबंधित हेल्पलाइन और आपातकालीन सेवाओं का उपयोग करना चाहिए। ये सेवाएँ तत्काल सहायता और परामर्श प्रदान करती हैं, जो व्यक्ति को संकट से उबरने में मदद कर सकती हैं।

डिप्रेशन और सुसाइड के बीच का संबंध एक गंभीर मुद्दा है और इसके प्रबंधन के लिए त्वरित और उचित कार्रवाई आवश्यक है। पेशेवर मदद, सामाजिक समर्थन और तत्काल उपचार के माध्यम से डिप्रेशन की स्थिति को सुधारने और सुसाइड की प्रवृति को रोकने में सहायक कदम उठाए जा सकते हैं।

Keep in Mind
(ध्यान देने योग्य बातें)

डिप्रेशन का सामना करते समय कई महत्वपूर्ण बातें ध्यान में रखनी चाहिए, ताकि सही सहायता प्राप्त की जा सके और मानसिक स्थिति में सुधार हो सके। यहाँ कुछ प्रमुख बिंदु हैं जिन पर ध्यान देना चाहिए :-

सही निदान और पेशेवर मदद प्राप्त करें :- डिप्रेशन का सही निदान मानसिक स्वास्थ्य पेशेवर, जैसे मनोचिकित्सक या मनोवैज्ञानिक द्वारा किया जाना चाहिए। पेशेवर सलाह से उचित उपचार योजना बनाई जा सकती है, जिसमें मनोचिकित्सा, दवाइयाँ या दोनों शामिल हो सकते हैं।

स्वयं की देखभाल पर ध्यान दें :- खुद की देखभाल पर ध्यान देना महत्वपूर्ण है। संतुलित आहार, नियमित व्यायाम

और पर्याप्त नींद डिप्रेशन के लक्षणों को कम करने में अत्यंत सहायक हो सकते हैं। मानसिक और शारीरिक स्वास्थ्य के बीच संबंध को समझें और उसकी देखभाल करें।

संकट के समय में समर्थन प्राप्त करें :- परिवार, दोस्तों या किसी समर्थन समूह से भावनात्मक और सामाजिक समर्थन प्राप्त करना जरूरी है। अकेलापन और आत्म-संकोच से बचने के लिए अपने करीबियों से संपर्क बनाए रखें और अपनी भावनाओं को साझा करें।

सुसाइडल विचारों को गंभीरता से लें :- अगर सुसाइडल विचार उत्पन्न होते हैं, तो तुरंत पेशेवर सहायता प्राप्त करें। आत्महत्या की प्रवृति का संकेत गंभीर स्थिति हो सकता है और इसमें तुरंत मदद की आवश्यकता होती है। आपातकालीन सेवाओं और सुसाइड प्रिवेंशन हेल्पलाइन का उपयोग करें।

नकारात्मक सोच को चुनौती दें :- डिप्रेशन में नकारात्मक सोच का सामना करना सामान्य है, लेकिन इसे चुनौती देने की आवश्यकता होती है। मनोचिकित्सक द्वारा प्रदान की गई थेरैपी, जैसे कॉग्निटिव बिहेवियरल थेरैपी (CBT) व्यक्ति को नकारात्मक सोच और व्यवहार को समझने और बदलने में मदद कर सकती है।

सृजनात्मक गतिविधियों और रुचियों को शामिल करें :- सृजनात्मक गतिविधियाँ, जैसे कला, संगीत या लेखन, व्यक्ति की भावनाओं को व्यक्त करने और मानसिक शांति प्राप्त करने में मदद कर सकती हैं। अपने शौक और रुचियों को फिर से अपनाने की कोशिश करें।

छोटे-छोटे लक्ष्य बनाएं :- डिप्रेशन में बड़े लक्ष्यों को पूरा करना कठिन हो सकता है। इसलिए अपने लक्ष्यों को छोटे प्रबंधनीय हिस्सों में विभाजित करें और उन्हें धीरे-धीरे पूरा करें। यह आत्म-संवेदन और प्रेरणा को बनाए रखने में सहायक हो सकता है।

स्व-देखभाल और नियमित चिकित्सा सत्रों की योजना बनाएं :- नियमित चिकित्सा सत्रों की योजना बनाना और उन पर ध्यान देना महत्वपूर्ण है। डॉक्टर के साथ नियमित परामर्श से उपचार की प्रक्रिया को ट्रैक किया जा सकता है और आवश्यक समायोजन किए जा सकते हैं।

इन बिंदुओं को ध्यान में रखते हुए डिप्रेशन का प्रबंधन और इलाज अधिक प्रभावी हो सकता है। सही दिशा-निर्देश और समर्थन से व्यक्ति डिप्रेशन के लक्षणों को नियंत्रित करने और जीवन की गुणवत्ता को सुधारने में सक्षम हो सकता है।

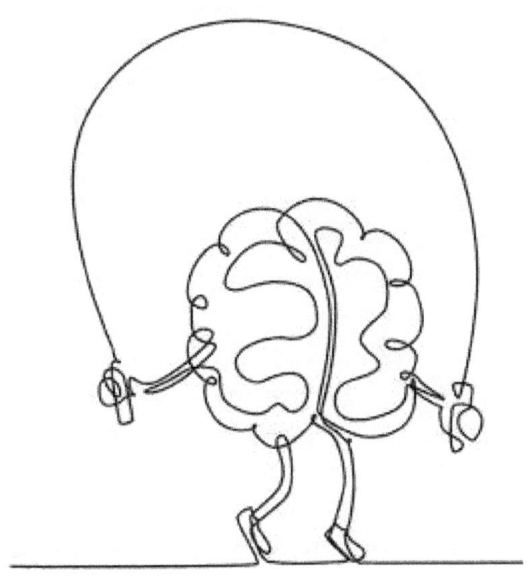

क्या डिप्रेशन एक बीमारी हैं?

डिप्रेशन एक मानसिक स्वास्थ्य समस्या है और इसे एक बीमारी के रूप में समझा जाता है। यह केवल एक भावनात्मक स्थिति नहीं है, बल्कि एक जटिल चिकित्सा स्थिति है जो व्यक्ति के मानसिक, शारीरिक और भावनात्मक स्वास्थ्य को प्रभावित करती है। डिप्रेशन की पहचान और उपचार की आवश्यकता मानसिक स्वास्थ्य के क्षेत्र में अत्यंत महत्वपूर्ण है।

डिप्रेशन के प्रमुख लक्षणों में शामिल हैं लगातार उदासी, निराशा, थकावट, आत्म-संयम की कमी, जीवन के प्रति रुचि की कमी और सामान्य गतिविधियों में आनंद की कमी। इसके अलावा व्यक्ति को आत्म-मूल्यता की कमी, नींद की समस्याएँ, भूख में परिवर्तन और कभी-कभी आत्महत्या के विचार भी हो सकते हैं। डिप्रेशन एक बीमारी के रूप में इसलिए भी माना जाता है क्योंकि यह मस्तिष्क के रसायनों (जैसे सेरोटोनिन और नॉरपाइनफ्रिन) के असंतुलन के कारण उत्पन्न होता है और इसके लिए चिकित्सा हस्तक्षेप की आवश्यकता होती है। डिप्रेशन को केवल एक 'खराब दिन' या 'कमज़ोरी' के रूप में नहीं देखा

जाना चाहिए, बल्कि इसे एक गंभीर और दीर्घकालिक चिकित्सा स्थिति माना जाता है जो इलाज के बिना बिगड़ सकती है।

डिप्रेशन के इलाज में विभिन्न चिकित्सीय विधियाँ शामिल हो सकती हैं, जैसे कि दवाइयाँ (एंटीडिप्रेसेंट्स), मनोचिकित्सा (जैसे कॉग्निटिव बिहेवियरल थेरैपी) और जीवनशैली में बदलाव। पेशेवर चिकित्सा सहायता प्राप्त करना, जैसे कि मनोचिकित्सक या मनोवैज्ञानिक से परामर्श इस स्थिति को समझने और उसका प्रबंधन करने में महत्वपूर्ण होता है।

इसके अलावा डिप्रेशन को समझने और इसका सही उपचार करने से मानसिक स्वास्थ्य में सुधार आ सकता है और व्यक्ति की जीवन की गुणवत्ता में वृद्धि हो सकती है। इस प्रकार डिप्रेशन एक चिकित्सीय स्थिति है और इसे एक बीमारी के रूप में मान्यता देना और उसका इलाज करना अत्यंत आवश्यक है।

www.ingramcontent.com/pod-product-compliance
Lightning Source LLC
Chambersburg PA
CBHW041322120726
48005CB00014B/2095